泰[国]地圖

清萊

清邁

曼谷

七岩　芭堤雅

華欣

蘇梅島

布吉島

再版自序

很感謝經緯文化對我的信任，也多謝大家對我的支持。

一直以為疫情之後，旅遊書已經成為夕陽行業，就算再出版也沒有人會買，尤其是在網絡發達、免費資訊爆炸的年代，消息快如流水，旅遊料一旦寫成書，很快就變得不合時。但萬萬估不到上一版《冲遊曼谷》推出之後甚受歡迎，而且很快就賣斷市，結果就要出第二版，真的多謝大家的支持。

既然有機會再出第二版，小弟決定要做得更好！在今次再版內容之上特別作了一些新的調節，把一些我認為可以刪走的內容移除，加入更多有用的資料，期望書中的內容一來可以更update，二來更加多元化，三來更加適合大家的口味。

因為上一版倉卒出版而出現手民之誤，今次已盡力改進。但正所謂掛一漏萬，若然大家在這版新書見到有錯漏的話，請不厭其煩通知小弟，希望可以在下一版更正。

若有緣在曼谷街上踫到面的話，請打個招呼，為小弟送上一些鼓勵的說話。有了大家的支持，我會更努力，讓《冲遊曼谷》行得更遠，多謝大家。

曼谷 BTS 及 MRT 路線圖

แผนที่เส้นทางรถไฟฟ้าบีทีเอส
BTS SkyTrain Route Map

更新日期:2023年9月

Contents

Features

2023 JJ Market 速報
(2023-8月update版)

夜市孖寶
Jodd Fairs Dan Neramit +
Jodd Fairs Phra Ram 9

曼谷人氣新酒店

Sukhumvit Line

酒店親身試住報告2023

曼谷
暢錢攻略

Silom line

National Stadium 10-0

Sala Daeng 11-0

Chong Nonsi 12-0

Surasak 13-0

Saphan Taksin 14-0

MRT line

Hua Lamphong 15-0

Lumphini 16-0

曼谷交通　　交通-0　　　　　旅遊須知　　須知-0

翟道翟假日市集
（JJ Market）

　　去過曼谷的朋友，無不知道 JJ Market 的存在。即使在淘寶越來越易玩的年代，JJ Market 仍不減其吸引力。疫情過後，市集亦漸漸復甦，各店主都開始歸位，也有新的檔主加入。想尋寶，想找回昔日在市集萬人空巷時左穿右插的日子？快啲嚟啦喂！！

時間

　　市集9成以上的店舖均為兼職的個體戶，故只會在星期六日及假期才會來開店營業。故編排行程時要留意。營業時間為9am-6pm，某些店會營業至7時多。若是第一次來，或一家大細，建議午飯後來，6時多大街有大量的士等客。若是老手，不妨再早點來細逛，肯定有收穫。

以前在 JJ Market 去洗手間要先付5銖，如今已全部免費！

交通

BTS　乘搭 BTS Sukhumvit 線至 N8 Mo Chit 總站1號出口跟著人潮走，見一間白色的遊客中心前的分叉路即是市集入口。

MRT　乘搭 MRT 至 Kamphaeng Phet 站1號出口至地面跟大隊走至遊客中心前分叉路即達市集入口。

Co Co Nut

Soi	Shop
41/2	298

JJ Market新店之一，將澳門的雪糕三文治發揚光大，變成牛角包/軟包夾椰子雪糕！當日所見，客似雲來，大多買完就邊行邊吃。除了夾包食，還可以配奶昔，或單點兩球雪糕也可。

Soi
39 入口

Kamamarket

Kamamarket在曼谷有許多分店，極具人氣。想不到在JJ Market都有分店。店家主打香薰產品，例如香包、香油、香枝、handcream、香味蠟燭，應有盡有。全時間冷氣開放，唔買都入去過吓冷河都值得。

Sicha

Soi	Shop
46/2	288

新開店不久，主打即做手沖泰式奶茶。味道其實來來去去差不多，但這裡勝在可以坐低休息飲返杯（但無冷氣提供）之餘，門面還頗「打咕able」。打在 JJ Market 戰鬥完一輪，能夠坐下來休息補充水份實在是持續戰鬥的不二法門。

Soi	Shop
46/2	295

About Herbs

另一家新開的按摩精油店,店家主打精油都是來自有機原料;除此之外,還有泰國人最愛的「索鼻」薄荷筒、驅蚊噴霧、body scrub,甚至連用於腰酸背痛的鎮痛都有。

Limecense

Soi	Shop
43/2	120

另一家 JJ Market 的老店,主打自家設計卡通 Tee。圖畫有 sell 可愛的,也有 sell 溫情的。布料不錯,朋友買過幾件,據知洗得多也不見得「wear」。情侶檔來買套情侶 tee 遊泰也是一件美事。

Soi	Shop
46/1	276

168 Thai Resturant

在 JJ Market 要找吃的不難,但要特別指定去某一區坐低,然後再走回頭路就相當艱難。所以「行到咁上下」見到有小餐廳就好坐低醫肚。這家 168 裝修算不俗,最緊要是有地方坐低慢慢食。百幾銖就可以吃個飽,絕對是「行到边」又未掃齊貨既大救星!

Here and Now

Soi	Shop
42/1	027

真正的手作，織織復織織，店主在衣服上親手織上各種圖案，真正獨一無二。IG（hereandnow_store）已累積27K followers，極具人氣。不過，眼前所見，每件衫只得「一個碼，一件衫」，穿得上的話，你就是 Cinderella！

Soi	Shop
43/1	107

Lash Art

「鬼佬」店主和他男友開檔的手繪波鞋店，在JJ Market相當具人氣。「鬼佬」店主一邊開檔，一邊拿著 converse 布鞋畫，「名畫」系列最受歡迎，另一邊廂也有隨機性極強的「潑墨」系列，通通只得一對，穿得落的又是另一位 Cinderella！

A Pink Rabbit Around

Soi	Shop
45/1	237

之前 It happens to be closet 在曼谷不同地方以不同的名字開了許多跟愛麗詩夢遊仙境有關的分店，JJ Market 也不例外——Rabbit Around。例牌有糕點飲品發售，更有趣的是這裡竟然有二樓，也有冷氣開放，路過的不妨入去過冷河和打打咭。

Soi	Shop
47/2	038

Cork BKK

人造皮手袋銀包再加個性刻名這個玩意，在各夜市已經玩到透，大家亦玩得不亦樂乎。

相反在 JJ Market 這邊，用水松木皮做手袋銀包，反而只有這一家。同樣可以加個性刻名，而且還有許多款式選購，既防水又輕身，價錢亦十分相宜。

不過舖面真心細，要等待刻名取貨就需要一點耐性啦！

Goods

Soi	Shop
52/1	324

店家主要賣珠片衫，各式各樣款式齊全，幾百銖就已經有交易，買定三兩套，一般飲宴時穿就有備無患。據知有香港 artist 是熟客（不是冲哥），常常來買三五套用作登台之用。

Being a bro

Soi	Shop
52/1	308

主打簡約白 Tee，配上簡單的印花圖案，襯衫容易；比起那些花厘花碌，五顏六色的來得清新，350銖已有交易。純棉質地，之前朋友買過幾件回港，都特意回頭入多幾件。

Smell Lemongrass

Soi
52/1

　　相信你也許曾經聽過 Lemongrass 這個香薰用品品牌，總店就在這裡。價廉物美，人氣熱賣，故近年已分別進駐幾個大商場，如 MBK, Gaysorn Village。由香薰油至驅蚊噴霧都一應供全。

Soi
52/1

Souvenior from Thailand

　　來泰國買袋可算是女仕們的指定動作，JJ Market 這裡有多不勝數的袋袋店，這家的花紋布袋價錢實惠之餘，花紋也較典雅。由 clutch 至 totebag 或化妝袋都有，100 銖已經有交易，送禮自奉兩雙宜。

Thepsiri Craft

Soi	Shop
49/2	153

　　買鎖匙扣做手信雖然是比較老土，不過用皮革做動物造型的鎖匙扣就較少見。有貓有狗有海洋動物，甚至是貓頭鷹都有。也許店主特別喜歡臘腸狗，店內光是臘腸狗款，已有 6、7 個花款，造型有趣，買來掛在背包也不錯。

Nava Market

Soi	Shop
48/2	086

浴球一向都是女士或小朋友會愛用的，不過普遍都比較貴，「炸」一次都「幾廿蚊」。

不過JJ Market這店的浴球價錢相宜之餘，350銖3粒，更有不同的香味選擇。「炸」得開心，荷包也舒暢。

Pang Dee

Soi	Shop
47/2	032

這家算是JJ Market內輩份高的老店，專賣即焗香蒜牛油餅乾，香味遠處已經嗅得到。舖面裝修

簡單，但食物味道一點都不簡單，無論是當地朋友或旅客老饕，都會來這裡買幾包過口癮。

Sleeveless Garden

Soi	Shop
47/1	018

自家品牌的皮具店，設計清新脫俗，簡單點來說是走文青路線。尺寸老早已經計算好，足夠放13寸Macbook，適合許多OL或「工無定所」需要notebook在身的slash一族，店家的皮袋在EmQuartier的Another Story也有分店寄售啊！

nontouch

Soi 48/1	Shop 061

世界大同，這家店主打同志主題的Tee，在曼谷頗受歡迎。不過也許香港對彩虹主題的接受程度，未及泰國，所以大家未必會接受到他們某些程度的圖案或款式。當然，如果你接受到，不妨來這裡買一兩件支持一下。

Shop 123

IndeeZ

全店均一主打Bangkok，ㄗ �串 吟Tee都是曼谷曼谷和曼谷。也許你會覺得老土，但的確又有很多遊客和本地人愛這些曼谷Tee。款式不俗，算是用心設計，穿上身也看不出閣下是一名「典型遊客」。

Duck Noddle

Shop 243

名副其實的鴨店，全店主打鴨肉麵食（其實也有雞肉提供），大大隻鴨胜配湯河，是JJ Market內的人氣食店，150銖一碗，抵食到爛。好胃口的不妨多點一份鴨血湯，肯定飽到上心口。

Section 7	Soi 63/8	Shop 266

Poster

在 JJ Market 賣電影海報掛畫，他就是當年的第一家。在 Section 7 專賣藝術品的專區，大入口前就會見到這家畫店。價錢屬平屬貴，藝術的東西我的確只是「識條鐵」，不過店家屹立不倒，相信是有其箇中的利害地方。

Paella

Section 8	Soi 14/1	Shop 022

這家食店簡直是結合餐飲娛樂於一身的西餐廳！逢星期六日（白痴！大家不就是星期六日才來的嗎!?）有

靚女歌手在店前賣力獻唱，邊吃邊聽歌，風味極佳。一碟西班牙海鮮炒飯才索價160銖，簡直是賣大包！

Section 8	Soi 15/4	Shop 388

波波燈

老實講，泰式波波草紙燈已經流行了近20年，但經典就是經典，即使熱潮退卻，但仍有一班人喜歡這些又便宜又可愛的波波燈。

一組20顆的經典波波燈，100銖已經有交易。近年新作包括星星月亮、可愛動物頭，以及各款疑似卡通人物的串串紙燈都有售。想玩得再RAW一點，可以單買紙波波，再另外買燈串，自己DIY玩襯色，送禮自奉一流。

Section 9	Soi 18/3	Shop 301

Dolls

雖然你未必童心未泯，但如此有趣可愛的布娃娃，相信路過也會駐足留意一下。據悉大部份布娃娃是店主親手做的手作，價錢不貴，最平39銖的小匙扣已有交易。一針一線，完全對得起這個價錢，買來做小手信已經值回票價。

中古波鞋

Section 9	Soi 18/1	Shop 358

舖頭名都無一個，本來就十分可疑，但看真一點，對對古著都只有一對一個號碼，似乎又真珠都無咁真。

走遍整個JJ Market相似的店舖的確一隻手掌數得出，未知是因為利錢不深，還是已經不流行。但如果各下仍愛好古著波鞋這玩兒，就不妨來過看一眼。

Section 9	Soi 18/1	Shop 363

AOR

扎染成衣在JJ Market都頗為常見，主要分藍扎染及彩色扎染。價錢不太貴，無論小童或成人，甚至家庭親子裝都有。AOR Dyetopia算是場內的老店，2015年已經開業。

捱得過疫情，如今繼續營業，相信質素有一定保證。棉質布料相當柔軟，顏色柔和不刺眼，襯legging相當不俗。

Denim Bags

Section 14	Soi 22/5	Shop 091

牛仔布袋其實在泰國興了許多年,的確歷久不衰。這店將牛仔布袋再重新變奏,變得更時尚,有些配上泰國風,有些配上民族風;最重要的是,價錢極之相宜,上膊袋90銖已有交易,淘寶貨都難以匹敵。

Vintage

Section 14	Soi 24/4	Shop 140

「夏老威」恤衫在熱帶地區的確頗受歡迎,泰國也不例外。JJ Market這家專賣「夏老威」恤衫的老店,將夏威夷恤來個變奏,印上一些誇張的泰式圖案,例如滿天神佛等,在沉悶中加添一點色彩和樂趣。

Bee Thai Massage

Section 16	Soi 24/7	Shop 031

在JJ Market其實有十數間按摩店,不過絕大部份都是只提按腳按或肩頸按。想來個全身按,或者想地方闊落一點的,全個市集只有兩家——這是其中一家。最緊要,還是有冷氣開放,絕對是身心充電的好地方。

Section 16	Soi 23/3	Shop 379

i-GEN

這些防水「仿紙」袋,也是近年夜市常見之熱賣潮物——扮家俬店、快餐店、咖啡店紙袋。如今再度變身,由斜袋升級變成背包,款式更有各種可愛圖樣,既精緻又實用。

現場所見,購者甚眾,店員更表示買3個會再有折扣。當然,合用的話,買多個送禮自奉亦佳!店舖就在大路旁的入口轉角舖,相當易找。

Section 18	Soi 25/4	Shop 273

Portrait by damn

相當簡陋的舖位,但的確店家是沒啥好賣——賣的是5分鐘速寫素描,50銖一幅,畫得有趣,坐得舒服。即使不是為了一幅畫,光是可以舒服坐一下也是值得。

Samza

Section 19	Soi 6/1	Shop 010

椰子雪糕昔日在JJ Market的外圍多的
是，五步一小家，十步一大家。但時至今
日，各路小販已被整合，場內只有舖位的

才可售賣雪
糕。Samza較
特別的，除了雪
糕味道外，最緊
要的是有座位堂
食啊！

Section 21	Soi 29/5	Shop 013

Mika Mika Goods

INFO IG:mika_mikagoods

賣布公仔似乎在JJ
Market頗吃得開，想
突圍而出，總要有些新
鮮元素。凡買任何布公
仔，都可以免費在公仔
上加上自己的名字——
當然是加上英文字
母，並不是泰文名字啦。

Begems Shop

收藏界中，其中一個頗特別
的就儲汽水／啤酒品牌的杯或
容器。店家發售一些特別的汽
水／啤酒品牌的杯或容器，本
人不太清楚其罕有度，不過採
訪路過時都見有不少顧客駐
足，估計店家是「老行家」。

Section 23	Soi 32/5	Shop 067

Section 23	Soi 32/5	Shop 066

Korn Vera

另一家自家設計的小店,店家主打撞色主題的首飾配件,由髮夾到皮帶項鍊都一應俱全。

Butterfly

Section 24	Soi 34/3	Shop 084

這個香水品牌是來自清邁,香水的氣味走清新輕盈路線,相信較適合一眾年輕女士。最有趣的是其中一款,是「芒果糯米飯」味!緊記這是香水,不能夠噴到飯餸上當作芒果糯米飯辦呢!

Section 26	Shop 001

My Thai

在淘寶未興起之前,碗碗碟碟在JJ Market是必買的東西;時至今日,即使淘寶盛行,買碗買碟仍是指定動作。這家老店多年來屹立不倒,相信是其貨式特別又實惠。買啦,不要諗啦!

Section 27 | 入口

Toh Plue

要知道,在 JJ Market 可以提供座位的食店,實在不多。正所謂遊客千萬,座位十數,路過有座位的食店就要把握機會。更甚的是,這裡冷氣開放,實在是一眾行街累爆人仕的天堂。食物和飲品味道俱佳,值得前來。

免費慢速 shuttle

場內有免費慢速 shuttle 在 JJ Market 的大路上順時針地循環遊走,有空位的就可以伸手截停上車,不太趕時的話,不失為一個好的代步工具。

鐘樓等!

地方太大,太多店舖,一團人走失四散不出為奇。要認地標,就選這個鐘樓!

翟道翟假日市集
（JJ Market）

Chatuchak Park

Chatuchak Park

Mo Chit (N8)

出1

出1

BTS Sukhumvit線

MRT地鐵

Section 07

$

Section 08

Section 09

Section 09

Section 06

遊客中心

JJ Plaza

Section 11

Section 10

Section 13

Section 15

Section 12

Section 05

Section 29

Section 27

Section 17

Section 14

手工藝品和雜物

舊書和收藏品

寵物和寵物用品

家具

古董

小擺設和雜貨

植物和園藝工具

服裝和飾物

家品和飾物

Section 19

Section 16

Section 25

Section 20

Section 18

$

Section 01

Section 26

Section 22

Section 20

Chatuchak Weekend Market

Section 24

Section 23

Section 22

Section 21

Section 04

出1

Kamphaeng Phet

出2

Section02

Section03

出3

柯多哥
飲食市集

2023 曼谷人氣新酒店

01 The Standard, Bangkok Mahanakhona

酒店2022年開業，由設計鬼才 Jaime Hayon 操刀空間設計，而且酒店擁有全泰最高的高空酒吧！餐飲方面，有香港朋友熟悉的 Mott 32 卅二公館在泰國的首家分店，份外親切，在香港訂不到位吃蘋果木烤北京烤鴨的話，可來這裡試試運氣。

78樓的Skybeach 是現今全泰最高的rooftop bar，擁有360度的全景，打卡或賞風景皆屬一絕！提醒一下，晚上7點後，將收取500元泰銖的入場費，但可用於抵餐飲消費。

酒店提供155間客房，客房面積從40平方米到 144 平方米不等，採用 Bang & Olufsen 頂級音響、Nespresso 咖啡機，盡顯尊貴。房型大致分成8種，最基本嘅係 Standard King，四百幾呎，地方寬敞，浴室設有浴缸。Deluxe King 的浴缸更望到市景，邊嘆浸浴邊望住曼谷市，相當寫意。

值得一提係，酒店係寵物友善，雖然你未必會帶寵物去旅行，但可以做個心理準備這裡會有機會遇到其他遊客帶來的寵物。

INFO

地址：114 Narathiwas Road, Silom, Bangrak
電話：02-085-8888
網頁：www.standardhotels.com
價錢：Deluxe Rm (45sqm) HK$1,600起；
Suite (83sqm) HK$3,500起

02 Capella Bangkok

你無睇錯！曼谷市區河濱地帶都有私人Pool Villa，就是這間2020年開幕的5星級豪華酒店 Capella Bangkok，離 BTS Saphan Taksin 只是10分鐘步行距離，實在值得一試！

INFO

地址：300 2 Charoen Krung Rd, Yan Nawa, Sathon
電話：02-098-3888
網頁：https://capellahotels.com/
價錢：Riverfront Room (61sqm) HK5,000起；Villa (259sqm) HK$17,000起

早前採訪時已率先入住，Villa 只有 7 間，分成 2-bedroom 總統級和一般級，要訂就要快手，雖然價錢一點也不地道草根。入住 Villa 可以通過私人庭院入口進入，就算在河邊都有頂級奢華的舒適感和完全嘅私隱！

　　面積有成二千幾呎，180度全河景，房間走出去就係平台地帶，這裡有個 Jacuzzi 水池，再加休憩地帶；平台地帶還可以做 BBQ service，有廚師上門幫你燒，跟家人朋友一齊 party 都可以。

　　預算不高的朋友可以選擇 Verandah 房型，房間一樣有 Jacuzzi，價錢相對 Villa 房較平易近人，河景比起 Villa 房有過之而無不及。

03 Ascott Embassy Sathorn

　　酒店極之新淨，2022年8月才開業，豪華之餘，房間款式多又大，由「基本」的豪華客房（35sqm）以至「家庭式」兩房套房（100sqm）都有！套房除了有基本煮食設備外，還有洗衣乾衣機可用，認真貼心。最開心的是莫過於房價相當貼地，兩房套房一晚房價都只是HK$2,000以下，如此價位很難不心動。9樓也設有旅客最期待的infinity pool和按摩池，對上一層就是健身室，另外亦設有兒童玩樂室，親子客就最適合不過。

　　話雖如此，酒店位置距離最近的BTS Sala Daeng站都有接近10分鐘腳程，出入要預多少少腳骨力。當然如果出入都是call Grab Taxi或全程包車的話，就絕對抵住。

INFO
地址：59, S Sathon Rd, Thung Maha Mek, Sathon
電話：02-343-1999
網頁：www.discoverasr.com
價錢：Deluxe Rm (35sqm) HK$800起；2 Rms Premier (100sqm) HK$1,900起

04 Sindhorn Kempinski

///

這家新酒店，跟同系位處於 Siam Paragon 後方的 Siam Kempinski 裝修風格完全不同，新酒店走型格路線，在餐飲方面比較貼地，Flourish 引入米芝蓮一星 Loukjaan by Saneh Jaan 的大廚坐陣，但價錢親民貼地，相當抵食。

房間方面，以面積大取勝，即使最細的房間都設有客廳，如你入住 Grand Premier Room 的話，客廳旁有一個小小的煮食區，備有電磁爐和微波爐，可以簡單煮個麵食。浴室更設有獨立大浴盆；浴室旁就是衣帽間，認真闊落。酒店也有半月型無邊際泳池，不過面積就不算太大罷了。

INFO
地址：80 Soi Ton Son, Lumphini, Pathum Wan　電話：02-095-9999
網頁：www.kempinski.com/en/sindhorn-hotel
價錢：Grand Premier (70sqm) HK$2,700起；Executive Club（80sqm）HK$2,900起

05 Wyndham Bangkok Sukhumvit 48

旁邊就係商場 Century Plaza Mall，行5分鐘就到 BTS On Nut 站，曼谷這間2022年翻新嘅酒店 Wyndham Bangkok Sukhumvit 48 屬 Ramada 集團旗下，會否是你下一間入住的酒店？

房間只有兩種，Deluxe（30sqm）及 Corner Suite（45sqm），級數雖不是5星頂級，但價錢相宜，「book 唔切」酒店的話不妨一試。Superior Room 四正整齊，基本配備有齊，落地玻璃窗令室內有足夠日光；浴室亦都簡單不太多花巧陳設，沒有浴缸但淋浴間尚算寬敞。另一種房叫 Corner Suite Room，間隔類近，不過多了一個半客廳空間，多個位置放了梳化，以及靠牆檯仔；浴室就差不多的配套。

泳池跟 gym room 設在6樓，泳池個景出奇地優美開揚，曬太陽，嘆杯冰凍飲品，一樂也。

INFO
地址：1448 359 Sukhumvit Road, Phra Khanong Subdistrict Khlong Toei　電話：02-332-1222
網頁：www.wyndhamhotels.com/ramada/bangkok-thailand/ramada-plaza-bangkok-sukhumvit-48/overview
價錢：Deluxe（30sqm）HK$400起；Corner Suite（45sqm）HK$600起

06 Quart Ruamrudee by UHG

　　2021年開業的半新酒店，走三、四星路線，地理位置不算太近BTS站，徒步約6分鐘即達BTS Phloen Chit站。雖說酒店不屬豪華類別，但勝在房間類型夠多，由基本雙人房（25sqm）至兩房套房（65sqm）都有，價錢極之親民。最重要的，是天台有一個露天大泳池，還有一個健身房，設施齊備。

　　如果是一家幾口來玩的，可以考慮一下這裡的套房，房間有基本煮食設備，煮個麵或炒個蛋絕對無問題！

INFO
地址：38/3 Soi Ruamrudee, Ploenchit Road, Lumpini, Pathumwan
電話：02-038-2999　網頁：www.quartruamrudee.com
價錢：Superior (25sqm) HK$550起；Suite（65sqm）HK$1,300起

07

PASSA
Hotel
Bangkok

另一所半新舊酒店，大樓潛隱於Silom區民居之間，規模不大，只有四層，但卻在天台開設露天泳池，相當有驚喜。

徒步5分鐘即可走入Silom的小販區，地道美食一大堆，Silom Road上又有大量小店，而在Rama IV Road交界的Silom Edge更設有24小時營業的 All Day Dining 樓層，勝利紀念碑那邊的其中一家船麵店也在那裡設店，搵食極之方便。酒店鄰近BTS Sala Daeng站，出入方便。

房間方面，面積不算太大，屬基本盤，兩人房有32sqm，合適兩口子快閃 shopping 之旅。

INFO

地址：63 Soi Saladaeng, 2 Sala Daeng Rd, Bang Rak
電話：02-056-6900
網頁：https://passa-hotel.bangkokshotels.com/en/#main
價錢：Superior Rm（23sqm）HK$600起；Deluxe Twin（30sqm）HK$800起

08 Kimpton Maa-Lai Bangkok

這間酒店，後方其實是連著同系另一間型格酒店──Sindhorn Kempinski，兩者之間以一個諾大的花園相隔，散步也好，打咭也好，能夠在酒店之間無間遊走也算是一個賣點。Kimpton Maa-Lai 的房間在同價位酒家相比之下面積稍大，重點在於其浴室有企缸之餘，還有一個獨大浴盆！

泳池屬無邊際設計，夠長夠深，不可以跟那些「hea游級」水池相比喔！順帶一提，這是一家寵物友善的酒店，雖然香港旅客不會帶同主子前往，但當地的泰國旅客也許會帶同家中主子入住。如果閣下對貓狗特別敏感，就要考慮一下了。

INFO
地址：78 Soi Tonson Lumpini, Pathuwan　　電話：02-056-9999
電話：www.kimptonmaalaibangkok.com/
價錢：Essential（58sqm）HK$2,200起；Maa-Lai Suite（83sqm）HK$3,400起

09 Four Seasons Hotel Bangkok at Chao Phraya River

Four Seasons 2020年終於回到曼谷河畔區 Charoen Krung 路！最基本的 Deluxe 房（50sqm），優雅具格調設計，一入去就令人相當舒服；若要河景的話，可以選 Executive 1-bedroom，有昭拍耶河景、客飯廳、浴缸等設備，價錢自然相對較高。如 over budget 的話，可以選擇 Studio，面積細少少，但一樣有河景。提提泳池，共分成三個部分，適合各類型不同顧客，其中兩個泳池是 infinity pool 呢！酒店位置大約距離 BTS Saphan Taksin 站15分鐘步行路程，去 Asiatique 河濱夜市就約7-8分鐘車程，相當方便。

INFO
地址：875300/1 Charoen Krung Rd, Khwaeng Yan Nawa, Sathon
電話：02-032-0888
網頁：www.fourseasons.com/bangkok
價錢：Deluxe Palm Court（50sqm）HK$3,500起；Premier River View（50sqm）HK$4,400起

10 Sindhorn Midtown Hotel

沖哥跟大家誠意推介這家酒店，一來是空鐵沿線，二來地方簡潔，出入方便，亦有健身室和 infinity pool，最重要的是酒店後方，開設了極受親子客人歡迎的 Harbour Land，近在咫尺，十分方便；雖説面積較一般分店細，但入場費亦相應有優惠。

房間方面，面積不算超大，浴室雖只設企缸，但有房間設有小客廳，更提供洗衣機、電磁爐和微波爐，起居作息就更加舒適。

INFO
地址：68 Soi Langsuan, Lumphini, Pathum Wan
電話：02-796-8888
網頁：www.sindhornmidtown.com
價錢：Standard Rm（33sqm）HK$900 起；Sky Suite（33sqm）HK$1,100起

11 Solaria Nishitetsu Hotel Bangkok

INFO
地址：1 Sukhumvit 14 Alley, Khlong Toei
電話：02-092-8999
網頁：www.solariabangkok.com
價錢：Standard（25sqm）HK$700起；Deluxe Corner（30sqm）HK$800起

這是一間泰日合作的新酒店，位置超級優越，就在 BTS Asok 站旁，直接有天橋連接，刮風落雨也不怕。Standard 及 Deluxe Room 就走基本路線，Grand Deluxe 或以上的房款，就設有客廳，設計實用簡約。酒店泳池屬半露天，即使下雨，也不會大掃雅興。

夜市雙響炮!!

Jodd Fairs Dan Nerami
& Jodd Fairs

曼谷行夜市

差不多是指定動作，疫情期間，一眾夜市市集紛紛關閉，如今大部份已經重新開業。除了Asiatique以外，Jodd Fairs Dan Neramit和JODD Fair相信是兩個必去的大型夜市。話明夜市，請大家不要太早去，畢竟許多店主日間都有正職，下班後才去開檔「賺多一份」；正路的話，大約6:30pm左右才陸續開檔，當然，也有個別店舖是全身投入，早至5:00pm已經開店。若閣下時間充裕，也可早一點到場，邊行邊吃，畢竟地方諾大，要認真行畢全場都需要點時間。

兩個夜市只是相距一個地鐵站，真心時間不多，或自稱夜鬼大胃王的話，可以一晚連踩兩夜市，玩到凌晨才call Grab Taxi返酒店亦可（MRT尾班車收12:00mn）。

Jodd Fairs Dan Neramit

嘩，又一個Jodd Fairs夜市？Phra Ram9已經有一個頗大的夜市，如今又開多一個？這個位於BTS Sukhumvit Line "Phahonyothin 24"站（泰式發音讀作「匹浩Yo田twenty four」）腳程約5分鐘的新夜市，剛於4月底開幕。這裡前身是一個曼谷第一個大型主題遊樂場，但荒廢了多年，如今變成新的人氣夜市，多了一年新鮮感之餘，也將昔日的遊樂場城堡稍稍翻新，成為景點，讓大家順道打卡。至於原有的Phra Ram9 Jodd Fairs就會營業至2023年底，之後搬回Ratchada。

新夜市主打飲食，購物反而稍少。餐飲的款式比Phra Ram9的Jodd Fairs更多更新！去食夜市之前，不妨走前少少，去曼谷另一間大型家品超市Lotus's Ladprao（泰式發音讀作「路突．甩跑」）行個圈，説不定會找到些新奇有趣的小品/零食做手信喔！

交通 BTS Phahonyothin 24站2號出口往油站方向徒步約5分鐘

Yess Zaa Soda Mai

上層是棉花糖，下層是糖漿加梳打水，基本上都是甜上加甜。不過，喝（吃）的時候，還是需要一點技巧的——先咬一口棉花糖，然後再吸一唥梳打水，就會像咬軟糖的感覺，頗有趣的，也屬打卡佳品。

Korean Corn Dog

薯條大家食得多，「奶史」醬你又食過未？65銖就有一客，抵過老麥。「奶史」實為泰文，意解「很多顏色」。七色醬其實沒有七種味道，全是同一款的甜味，七色醬只是讓大家打打卡已。話說回來，長薯條炸得香脆，比老麥更夠薯仔味，但小心太長咬到一半跌落地。

Godfather

這店的漢堡包不是普通的包，而是加入大量黑松露的漢堡包，包身焗得脆脆的，口感相當特別，漢堡扒更有豬肉或牛肉選擇，任君選擇。記住問店家多拿些紙巾，因為漢堡包加入大量調味醬汁，既香口亦惹味，但實在是太多醬汁，吃得比較有點麻煩。

Thai Style Crepe

法式薄餅其實以往都有介紹，不過這店家就將薄餅的餡料和cream「打開另上」，用膠匙撐來吃，配上一球雪糕，既易吃又方便。

Kung Thep

場內算是比較具規模的堂食海鮮店，價錢合理，特大大頭蝦和布吉大龍蝦，當日市價約為1,000銖一隻，不貴。

AFeng Li

Bear Bear韭菜餅，造型獨特，味道也相當獨特，餅身焗得香脆，30銖一隻。潮州名物，竟然來到泰國，變成地道美食，有趣喔！

Berry Boom

在舊的 Jodd Fairs 有水果西施，吸引一班男 Fans 蜂擁而至。這邊新夜市，也有人氣男神賣果汁。據現場所見，有許多少女特意前來這裡，找男神拍照打卡（當然也有幫襯啦！）

Mango Me

上層是芒果糯米飯，下層是芒果沙冰。一邊吃糯米飯，一邊飲冰凍解渴的芒果沙冰，實在是在炎炎夏日之下（雖然已日落，但晚間仍有點熱）的消暑佳品！150 銖已！

Mee Khaw Pos

人氣極旺的一檔，主打牛油芝士粟米粒。採訪當晚眼見有約十人在排隊等候，大家一見到店長把煮溶的芝士澆上杯內的粟米時，無不拿出手機拍片，大力叫好。69 銖一杯，既當小吃，也當看表演。

You Yu Yuan

除了男神外，新夜市也是另一位人氣店長們——牛奶姊妹花。店長主打泰式甜品——說穿了其實是豆腐花配小湯圓。當然，那份甜味也有一部份是來自兩位牛奶姊妹花的甜美。

Ing Teahouse

店家主打來自台灣的花生芫荽捲冰淇林，然後加以改良，變成地道的泰式口味——一份花生捲可以配兩種口味的雪糕，香芋椰奶和榴槤。現場所見，人氣極旺，目測有近十數人在等呢！

Cha Men

名為拉麵茶的特式食品，湯底為泰式奶茶味，配上一隻以麵做的「冬蔭」（蝦也）造型的小吃做「餸」，口感極似真麵。沖哥就食到lam lam脲啦，閣下去到夜市見到試食的話，不妨同沖哥分享一下。

地址：Opposite Central Ladprao,
　　　Phaholyothin Road, Chomphon
電話：098-709-8779　　時間：5pm-12mn
網頁：www.facebook.com/JoddFairs.DanNeramit

Jodd Fairs @ Phra Ram9

交通

　　MRT地鐵Phra Ram 9站3號出口轉左往後徒步轉入Rama IV Rd向前行約100米後即見Jodd Fairs在左手邊（或可穿過Central Phra Ram 9商場G/F到後門亦可）

　　Jodd Fairs的人氣比The One Ratchada更高，也許老闆的宣傳能力強大，2022年初開業，轉瞬間已經成為城中必到的夜市，規模跟昔日的火車夜市有過之而無不及。每天4pm-12mn開業，未到6點已經開始人多。在晚飯時間，那些「露天堂食餐廳」已經出現人龍，如手抓酸辣火山排骨店，往往要排15分鐘至20分鐘才可以入座，大家要有心理準備。

　　至於水果西施嘛……跟The One Ratchada的當場比下去囉！人氣之盛，一時無兩！一邊拿著果汁，一邊掃街，由烤腸、燒海蜇頭、椰汁脆餅應有盡有。記得留住肚皮，否則會錯過許多地道美食喔！（註：2023年底將會搬回Ratchada區。）

必吃推介‼ ‥‥‥‥‥‥‥‥‥

水果西施 JoinYY

　　人紅就自然生意旺，相信絕大部份來買果汁的朋友，都是為了一睹果汁西施的風采而來的。放心，就算有幾多人，都一定有機會「攝」入檔口跟西施拍個selfie！（IG: joinyy）現場order甚多，平均要等15-20分鐘才到閣下的order，一杯芒果沙冰（130銖），即使較其他攤位的貴一點，也是值得的！

山排骨
LENG ZABB

中哥面前這坐元祖「火山排
，盛惠599銖。最適合一班朋友來
嘗（當然要相機食先啦！）如果簡簡
單的兩口子，可以點L級（220銖 -
圖中四方大碗），夠吃有餘。味道既
又辣，要有心理準備喔！不過提一
大家，從四方八面的食評得知，因
客人太多，有時候食物的水準會
太穩定。如遇上不太合口味的時
，還請大家多多包涵。

手抓海鮮拼盤
Crazy Shrimp

這就是近日人氣熱爆的手抓海鮮拼盤！店家
會先給你一張菜單，在蝦（手掌般大）、魷魚、
蜆、青口、雞肉腸和粟米選出你想吃 / 或不
想吃的；可額外再加 topping（炙燒芝士49銖、
意粉39銖、白飯15銖），中份量（M級）的489
銖已有交易，基本上都夠兩口子吃到飽；XXL
級（1,189銖）的就屬6-8人份量（提示：青口、
魷魚和蝦比較穩當）。

師傅加持
Wishing Burger

　　這家漢堡包認真製作之餘，更有高僧加持的佛印烙在包面；購買前還可以求籤，有機會抽中折口優惠。漢堡包肉汁滿滿，還有一小片金箔附上，份外高貴。店員端上包包給客人前，客人還可以先許個願呢！

花花甜品
Luk Chup

　　這個花花造型的小甜品，其實是綠豆餡，外皮吃下去有點像啫喱般，香甜軟滑。光是造型已經IGable，味道是只是微甜，相當易入口，一次吃幾個也不會太飽。25銖一件，買多幾件買回酒店慢慢嘆亦佳。

停不了口
Hmm Souffle Pancakes

外脆內軟，餅心微暖，口感相當討好，的確是一款百吃不厭餐！6 小件配一份軟雪糕，滋味無窮！冲哥三扒兩撥已經全份吃光，愛好小甜品的朋友記得來這裡試一份啦！

跨國大品牌
攪鬼襪仔

襪仔款式多多，最攪鬼的是所有款式都是跨國大品牌的「致敬版」。由足球球會至零食品牌，甚至國際連鎖食店餐廳的貼牌 logo 款都有。質料不俗，相信不是穿幾次就爛的物料。

笠你麻包袋
紙布袋

JJ Market 和 One Ratchada 熱賣的紙布袋在 Jodd Fair 都有得賣！咖啡店、家俬舖......其中的老麥外賣袋是最神似的。不靠近看的話，真的以為是平日用開的外賣紙袋。

地址：Rama IX Rd, Khwaeng Huai Khwang, Khet Huai Khwang
（Central Plaza Rama 9 商場背後）　　電話：092-713-5599
時間：每日 4pm-12mn　　　　　　　　網頁：www.facebook.com/JoddFairs

身心靈之旅
Sindhorn Kempinski

今次小編親身試住的的，正是開業三年多的Sindhorn Kempinski！名字聽起來有點熟，無錯，正是Siam Paragon相連的Siam Kempinski同系集團的另一間超豪華酒店。

據知Sindhorn Kempinski是泰國城中名人富豪偏愛的宴會場地，由此可見超豪華之名絕非子虛烏有。

偌大的行政睡房，即使加多一張床，房間亦相當闊落。

Check-out前酒店特意送上一客寧神茶，祝願住客可以瞓個好覺，相當窩心。

✳ Executive Club Room

今次選住的是行政樓層的雙人睡房，面積800平方米，比最基本的雙人房闊約140平方米，即使加多一張床，房間亦相當闊落。

房間設有一個大露台，更設置了一把電吊扇，在露台一邊納涼一邊遠眺園景，的確是賞心樂事。最令住客驚喜的，就是那個偌大的衛浴間串連衣帽間，即使設置了一個獨立貴妃大浴缸之餘，地方仍闊落得可以捉迷藏！房內已配備萬國電插座及USB充電座，所有窗簾均為電動，既就手也方便。

選行政樓層，除了想住大一點外，其實是想試試到Executive Room住客專享的Executive Lounge品嚐high tea（有任食macaroon）、晚上的evening cocktails及在新開幕的Bistrot De La Mer品嚐精品早餐！最重要的是，可以專享late check-out至下午3時（實際時間視乎當日房間供應情況而定），check-out當天即使享用完早餐後，還有時間可以再到泳池玩樂一番。

闊落的前廳，連上大露台，開揚舒暢。

衛浴間串連衣帽間，即使設置了一個獨立貴妃大浴缸之餘，地方仍闊落得可以捉迷藏！

The Flourish環境優雅闊落，除了提供午晚市外，也有早餐提供。

Loukjaan by Saneh Jaan其實就是米芝蓮一星餐廳Saneh Jaan的支店，菜式相似，但價錢再平一點。店家的精選泰菜已融入The Flourish的菜單，一店多吃。

❋ The Flourish/ Loukjaan by Saneh Jaan

訂房時已有意在The Flourish品嚐米芝蓮「必比登推介」的泰菜，結果不負所望，菜式做得驚艷之餘，也吃得開胃。特別一讚其中一道菜：「Mieang Pla Salmon——三文魚配羅望子醬」，總廚Chatsorn Pratoomma特意選用三文魚腩，切小方件，以紅蔥頭爆香，再配上微酸的羅望子醬。啖啖肉之餘，三文魚腩的甘香隨著紅蔥頭的牽引，在口腔內久久不散。另一道菜：「Wok Fried Sunflower Sprout with Crispy Shrimp——脆乾蝦炒向日葵苗」也是必點的，向日葵苗菜身幼嫩爽滑，脆乾蝦香口之餘帶點微辣；此菜上枱時微溫，一乾一濕的對比，在泰國濕熱的夏季，是一道很好入口的菜式，索價190銖，不點的話等於白來！

Mieang Pla Salmon @ Chef Chatsorn's Signature
（460銖++）

能夠放在總廚Chef Chatsorn菜單的第一位，必有其原因：食材好，調味配搭適宜。三文魚腩切小方件，以紅蔥頭爆香，再配上微酸的羅望子醬。啖啖肉之餘，三文魚腩的甘香隨著紅蔥頭的牽引，在口腔內久久不散。

Hor Mok Poo @ Chef Chatsorn's Signature
（690銖++）

啖啖蟹肉混入魚膠，輔以微辣咖喱調味，口腔的滿足難以形容。請提早點此菜，否則用餐至尾段才上此菜的話，或會有飽滯感，浪費了總廚的心機。

Pomelo Salad @ Loukjaan by Saneh Jaan
（480銖++）

柚子配上豬肉碎及燒蝦，口感清爽，作為開胃前菜，稱職之餘，也為稍後的用餐體驗大開綠燈。

Wok Fried Sunflower Sprout with Crispy Shrimp @ Chef Chatsorn（190銖++）

別小看這道菜的價錢，絕對是全餐吃得最開胃的一道菜。脆乾蝦香口之餘帶點微辣；此菜上枱時微溫，一乾一濕的對比，是很好入口的菜式。

酒店中空的設計，透過9/F的空中泳池，將涼空氣引入，再將室內的暖空氣從樓頂導走。

✳ 遊走酒店大樓

　　住客第一腳踏進酒店樓層，第一個感受到的竟然是微微的自然風！跟酒店的PR美女Kate聊過，酒店大樓的建築設計別有用心──建築前先研究該地域的日常風向，然後再定大樓的坐向，建築師更根據空氣力學，將大樓設計成中空，透過9樓的半露天泳池層，將涼快的風引入，並將室內的暖空氣從樓頂導走。所以住客在酒店公共地方遊走時，很多時都會不其然感受到微風迎來，很有趣住宿體驗。

9/F的空中泳池範圍不大，但涼風源源送來，在炎熱的曼谷顯得特別清涼爽快。

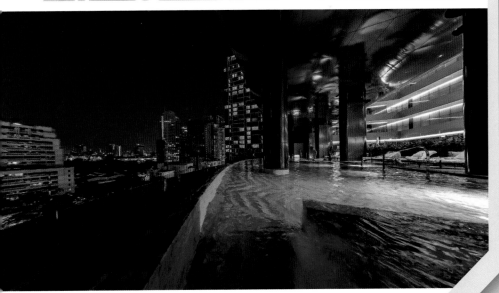

✳ 19樓的誘惑——

Executive Lounge and Bistro De Le Mer

> 小編不是貪小便宜的人，但卻愛找個安靜的地方吃份小甜點，在繁忙的日程中榨取一點 me time，19樓的 Executive Lounge 正是 my cup of tea！

19/F 的 Executive Club Room，只限行政樓層的住客享用，故人流不多。

這裡是 Executive Club Room 的住客的專用休息區，日間時段提供基本茶點，一到下午茶時間，就會提供免費的自助 High Tea，款式基本上跟地面 tea room 提供的有近半相似，只是欠了那個 IG-able 的茶點餐架。最重要的是這裡有 free flow macaroon（其實吃得不多，但可以隨心吃幾件，慢嘆 double espresso，實在很 chill）。讓住客驚喜的是，每晚 5:30-8:00 會開設 evening cocktails，提供小型自助餐之餘，更提供 free flow 酒精飲品（紅白烈酒、啤酒及雞尾酒均有），懶在酒店都可以食飽三餐，安樂一晚，妙哉。

2pm-4:30pm 會提供免費的自助 High Tea；5:30pm-8pm 會開設 evening cocktails，提供小型自助餐之餘，更提供 free flow 酒精飲品。

Executive Club Room 的住客可以在 Bistro De Le Mer 享用早餐，跟在 G/F 的 Flourish 是兩碼子事——這裡從容，地面熱鬧。

Sindhorn
Kempinski

Waldorf
Astoria

Hyatt Regency
Sukhumvit

今次訂房是包早餐的，首朝早在 G/F 的 Flourish 享用自助早餐，一貫的五星級，熱菜冷盤數之不盡，原個椰青竟然是住客們早餐的至愛，椰蹤處處。翌朝特意跑上 19/F 享用行政房客專享的另一間餐廳 Bistro De Le Mer！

這裡的早餐是 a la carte，但可以重點你愛吃的。環境開揚優雅，少了 The Flourish 的熱鬧，多了一份寧靜，用餐前啖一口清新的 wellness 特飲，很開胃。餐單不複雜，當早有六款早餐，點哪一款都好吃。

小編點了「帶子 benedict egg」，最後一啖帶子肉還未嚥下，已忍不住舉手再 encore，有型的侍應哥哥都忍不住笑。瘦骨仙同事也忍不住連吃兩份水果窩夫，真失禮。

帶子 benedict egg 好吃到不得了，小編最後一啖帶子肉還未嚥下，已忍不住舉手再 encore。

Hotel Report-5

✳ Sidhorn Wellness by Resense

這趟旅程我們特意在酒店預訂了一個基本的 The Aroma Massage，價錢相比起一般街邊 / 連鎖式按摩店，肯定貴多了，但從朋友口中得知，這家的按摩功夫，得以一個字總結：中。

按摩完成後，技師會引領客人到休息區享用熱茶，也代表這趟 me time 旅程快將完結，所以茶壺裡的熱茶，總是捨不得把它喝光。

穿過 Spa 的大門後，招待員急不及待上前招呼，安坐好後就拿出問卷詳細詢問客人的身體狀況及「哪裡需要加強」；喝過 welcome drink 後就有專人帶領進入這個「完全放鬆的國度」！普遍曼谷的按摩店，客人都要上上落落；Sidhorn Wellness 就完全輕鬆得多──所有設施及房間都在同一層，客人只管跟著技師行便可。更衣及收好個人物品後就來到按摩房，房間溫度適中微涼，相當舒適。抱歉按摩的事宜已經不太記得清楚──因為太舒服，睡了大半小時；只隱約記得小編左邊背脊的肌肉本來很繃緊，技師三扒兩撥就把肌肉按鬆了，太神奇啦！

Sidhorn Wellness by Resense 的按摩房間大小適中，最讚的是所有設施及房間都置於同一層，不用行上行落。

酒店其他設施

✴ Firefly Bar

　　雖不是天台酒吧，但這裡卻異常地熱鬧，因為PR姐姐說酒店有幾位同事，不時會來酒吧獻唱，也許歌聲不俗，漸漸有粉絲來聚腳。酒吧的裝修風格混合中西泰，細節位都一絲不苟，星期五晚特別熱鬧，路過附近的不妨來喝一杯。

✴ Chill chill商場 Velaa

酒店後方設有集團的一個中型商場Velaa，雖説規模不大，但屈指一數都有近十間餐廳，與及一間中型超市，要補給或買點地道水果都十分就腳。

✴ Shuttle Bus

酒店距離BTS Chitlom站的腳程有點遠，約10分鐘，故酒店每30分鐘就會開出一班穿梭小巴把客人帶到就近的BTS/ MRT站。

地：80 Soi Ton Son, Lumphini, Pathum Wan
電：02-095-9999
交：BTS Chitlom 站徒步約 10 分鐘
網：www.kempinski.com

Waldorf Astoria
——真心當你係客

小編今次試住另一間在 Chitlom 區心臟地帶的新酒店——Waldorf Astoria，不說不知，原來 Waldorf 這個酒店品牌，正是屬於 Hilton Hotel 旗下，在集團內屬頂級一線品牌，所以入住前對酒店服務有所期望。結果嘛……哈哈哈，比預期中更好！

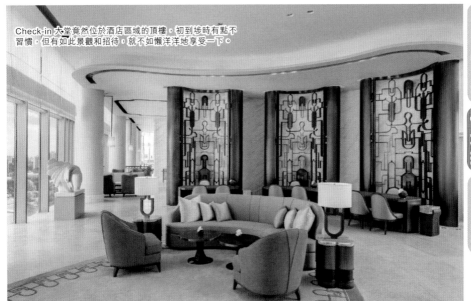

Check-in 大堂竟然位於酒店區域的頂樓，初到埗時有點不習慣，但有如此景觀和招待，就不如懶洋洋地享受一下。

✳ 半空中 check-in

一如以往，預訂試住的房間，都是比平常基本房間高一至兩級（反正公司付費），今次選了風景較佳的「馬場景」房！也許同行的同事略懂泰文，三言兩語溝通好之後，竟然編配最高的樓層，景觀和出入都相當便捷。

極有趣的 Lemongrass welcome drinks。

Waldorf Astoria 跟近年新開業的酒店相類似——上半幢是高級商用辦公室，下半幢就是酒店；而 check-in 的櫃位，就設於酒店佔用樓層的最頂層。所以當的士載我們到酒店地下大堂，接待的型男就急急「挾持」我們乘坐專用升降機到頂樓 check-in。

到埗後，立即由另一位美女職員「無縫交接」地招待我們先安坐大梳化。還沒有定過神，就已經有另一位職員奉上 welcome drinks 和安排入住的文件影印。當天不幸的是，同一時間竟有 6 家人 check-in；可幸的是，3 組前櫃的員工都眼明手快，不消喝光一杯冰凍 lemograss tea 的時間，已經可以「下」房了——對啊，我們的客戶就在 check-in floor 的兩層之下。

✳ TWIN DELUXE ROOM PARK VIEW

老實説，房間面積不算大，只有50平方米。基本上衛浴間已經佔了近一半面積，走動和放行李箱的地方實在不多。不過，景觀、床舖的舒適度、員工及餐飲為入住體驗扳回不少分數。房間最值得讚賞的，是衛浴間的配套，沐浴和廁所前後獨立分隔，而且採用日本最高級的電子馬桶，行到面前會自動打開，基本上可以hands-free出入。兩個偌大的洗手盆中間，除了置的洗手液之後，還貼心地放了一瓶hand-cream，加分啦！衛浴間設大浴缸和大企缸，相當闊落，先浸浴再「沖涼」都無問題。

馬場景兩床房，起居區域不算大，但勝在景觀開揚，寢具極度舒適，懶在睡床看電視就不願起來了！

床頭設有控制全房燈具、電動窗簾、空調，甚至門鈴的智能平板panel，足不落床都可以調撥房內各項設施。惟一美中不足，房間的燈光已經編好組別，不能為個別燈具開關。

房間一角放了一張圓形餐枱兼辦公枱，HDMI、電插座及USB充電座都配備好。小編其實不鼓勵外遊時仍心繫工作，所以大家還是當這是享用美食的餐枱好了！

作為 Hilton 旗下最高級的酒店品牌，選用的沐浴用品也是頂級——Aesop 沐浴三寶在此一早為客人配備好了！

Mini bar 放在房間另一個獨立即木櫃之內，相當精緻，除了一般茶品及大量清水外，更有 espresso machine，capsule 每日補充，啡迷們放心好了。

浴室是房間最讓住客驚訝的地方，面積闊落，有齊企缸及大浴缸。雙洗手盤不用二人相爭。另外一提，企缸外的大窗有一電動百葉簾，可以全關上的，放心。

貼心又細心的位置，往往在細節之中。洗手區除了配備應有的洗水液外，還有頂班的 Aesop body balm。光是一瓶 500ml 索價 HK$750，洗多幾次手已經值回票價。

這個 TOTO 電子馬桶不得了，紅外線感應，客人一踏步行近馬桶，桶蓋就會自動打開，基本上可以 hands-free 完事。

※ 餐飲孖寶——

Front Room

高樓底的裝修，闊落的用餐空間，配上新式泰菜，是 Front Room 的三大賣點。

　　各大酒店的餐廳，除非是名廚坐陣或米芝蓮加身，一般住客都很少會特意前往——Front Room 也不例外！不過口耳相傳這種力量實在很大，在曼谷同事強烈推介之下，我們就抽個時間去試個午餐。

　　餐廳主打新式泰菜。環境開揚，餐枱之間距離適宜；侍應簡單介紹菜單後，就適當地避席，我們討論過後，侍應又很迅捷地出現在負責點菜朋友的左手邊（這個禮儀已漸漸被忘記）。用餐體驗很好，侍應每一道菜都會簡介菜式的名稱，若配有醬料，更會細心提示。同行朋友有一次不小心跌跌叉子，侍應很快就察覺到，並不慌不忙地奉上全新的叉子。看似小細節，但盡顯員工的細心和應對！

Welcome Snack 脆炸韭菜片
據知這款韭菜片，前後炸了三遍，不油不膩，十級香脆，口感一流；脆片味道偏淡，若沾些附上的辣醬就變得非常刺激，一菜二吃，有趣。

Maphrao Cheesecak（360 銖 ++）
這道椰子芝士蛋糕甜品，不點的話就白來。椰子味濃，白朱古力慕絲打得十分幼滑，甜度也適中，再配些木糠粉和椰果做 toppings，簡直就是泰國甜品的代言，必點！

Moo Thod Ma-Kwaen
（440銖++）

蒜片脆炸黑豚豬頸肉，即炸即上，外皮微熱酥脆，但肉身仍保持嫩滑多汁；豬肉本身已經相當入味，附上的辣醬其實顯得有點多餘，個人建議不沾辣醬為佳。

Moo Sam Shan Pad Grathiam Dong
（440銖++）

其實就是黑豚腩肉，廚師將豬腩肉切成小方塊，選用秘製醬料香煎而成。製法簡單，但肉味濃郁。當然，油脂含量高，編輯年紀大就只能淺嘗，同行的年青攝記就有口福了。

Pla Gao Nueng Phrik Larb Kua
（620銖++）

淡魚露清蒸石班塊——魚肉味鮮，配上淡味魚露，帶出海鮮的鮮味。當然，論清蒸海鮮，還是廣東菜更勝一籌。試試泰式煮法，也是體驗泰菜智慧的一課。

Goon Phae Phrik Gaeng Gub Ajard
（340銖++）

脆炸咖喱河蝦片——小編強烈推薦的其中一道菜，因為香口又可口，多吃幾匙也不覺飽，爽口的小河蝦配上可口的脆片，是上佳的配搭。

餐飲孖寶——
The Brasserie

早餐比較特別的是竟然有大型 cold cut booth，更有原隻西班牙火腿即切即享用！

另一間值得一提的餐廳就是享用自助早餐的 The Brasserie！走到餐廳門前，侍應小姐第一時間並不是帶客人入座，而是先請客人坐坐。知道人數，編好餐枱位置，放好餐具，才請另一位職員帶領客人入座（似乎酒店刻意要做到「無縫交接」地招待客人）。用餐區域呈 U 形走廊，所有餐枱都是靠窗邊，光度十足。各款早餐及廚房沿走廊放置，相當特別。最令我們印象深刻的，是早餐竟然有幾款即切西班牙火腿片供應；另一邊廂，更驚喜地有主廚坐陣為食客介紹各款美味芝士。無論是中式粥麵點心、現切水果、西式飽餅奶酪，應有盡有；其豐富程度，比一般酒店自助晚餐有過之而無不及（兩朝早我們都吃得太飽，導致午餐都吃不下）。

Benedict Egg 吃得多，今次點一個泰國人常吃的早餐——Kai Jiao (Omelette in Thai Style)。這個不得了，雞蛋油泡得極之香脆卻不油膩，配上顆粒分明的頂級泰國茉莉米飯，好吃到不得了。

酒店自助早餐極少見的希臘式乳酪，還有原個蜂巢，混入新鮮蜂蜜，甘香無比。

這只是第一輪的早餐，豐富的程度，比得上自助晚餐！

入座前，請先坐坐！

所有餐枱都是靠窗邊，光度十足。

✦ 天際泳池

泳池位於15樓，屬infinity pool設計，值得讚許的是員工的招待——客人一出升降機，立即有職員為你開門，見客人找好椅子安坐後，就送上冰涼檸水和新鮮水果串，貼心度滿分。特別一提，泳池後方有幾張椅子浸在池中，無論是打卡或納涼都相當稱心，下次來的話，記緊選這幾個位啊！

為客人奉上清水，常見；但更奉上新鮮水果串，小編還是第一次體會：酒店真心當你是客人呢！

這就是上文提到的靚靚打卡位！

地：151 Ratchadamri Rd, Lumphini, Pathum Wan　　電：02-846-8888　　交：BTS Chitlom 站徒步約 3 分鐘
網：www.hilton.com/en/hotels/bkkwawa-waldorf-astoria-bangkok/

Hyatt Regency Sukhumvit

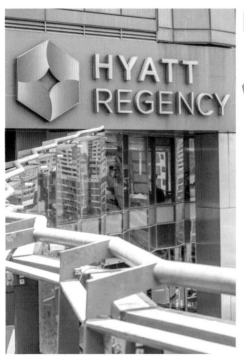

Happy family!!

> 多謝沖哥和 Hyatt Group 的安排，小編闊別曼谷多年，終於可以重回這片快樂的國度。今次小編試住的，正是 Hyatt 5星級的 Regency Sukumvit 的 Family 2-bedroom !

✳ 賓至如歸

酒店位置認真方便，BTS Nana 站行人天橋直達，出入相當方便。Check in 當晚，前枱的員工熱情招待，有賓至如歸的感覺。試住兩晚入住的房間，其實是兩間房打通的 Family " Suite "———一間房留給家長，另一間房則是留給小朋友，各有各忙，各適其適。

家長住的房間，標準配置。

留給小朋友住的另一間房，已備好Switch及可愛的小帳幕！

這個專為家庭旅客而設的 Family " Suite " 會特別在其中一間客房，安排一個 kids corner，設有一個小帳幕和各款積木及可愛的毛公仔外，一家大細都必定會愛上的就是讓客人任玩的 Switch！相當貼心。至於起居方面，在衛生間也有特別安排──特意配備兩套小童牙刷，和在浴缸邊佈置一隊「小黃鴨」，即使是家長們也覺得這個安排很窩心。

浴室放置了小黃鴨，連大人都希望可以跟它們一起玩。

小朋友已經急不及待玩遊戲機了！

✦ 星級早餐

　　睡了一個好覺後，我們就去吃2/F的Market Cafe享用早餐。這裡地方闊落，樓底極高，最重要的是這裡的早餐異常地豐富，由最基本的麵包沙律，以至西式蛋品、日式早餐、甚至連午餐的熱盤都有少量供應。其中的蛋品（如炒蛋、奄列或Benedict Egg）及窩夫類都可以tailor made，即點即做。熱騰騰的，很美味。飲品方面，除了常見的即磨咖啡外，夏天還有原個椰青供應；想喝得特別一點，餐廳更有一系列power drinks——以不同的果汁互相混合，味道各有特點，不妨試試。最特別的是，餐廳還有飯後果——龍眼芒果蘋果等全時段供應，照顧周到。

　　早上11時吃完早餐，飽到下午4時都不覺餓。如大家中午打算去其他餐廳「食好西」的話，要麼早一點來吃這頓豐富早餐，要麼中午那頓飯乾脆省下喔！

Market Café 有一邊特意設計成超高樓底，坐在這邊享用早餐，份外醒神。

每天都會放幾盤新鮮水果，食幾多拿幾多！

精緻的 Benedict Eggs，廚房即點即煮，十分美味。

泳池呈無邊際設計，不過位置不高，景觀一般。但勝在退避在酒店大樓旁，中午前太陽光不會直曬，頗舒適。

歡樂暢泳——
infinity pool

家庭客人比較重視酒店的配套，特別是泳池。Hyatt Regency Sukhumvit 的泳池算是 infinity pool，但不是天台泳池，只有普通的城市景觀。不過泳池面積倘算闊落，除了中午前後太陽會直射之外，其餘時間都處於半遮陰的狀態，相當舒適。泳池的一端，有半室內的休息區，躺在大梳化之上休息一下也屬美事。

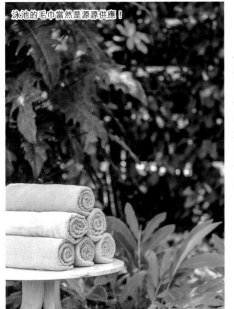

泳池的毛巾當然是源源供應！

✲ 小結

兩晚的試住體驗，相當滿足。特別是餐廳的侍應，笑容滿滿，招呼周到。兩間房間整齊清潔，打掃亦需記一功。酒店樓下還是一家 Let's Relax Spa & Massage，方便至極（不過因為不設 walk-in，對於行程經常有變的家庭客就比較難預時間了）。地點優越，交通便利；不過，由於鄰近紅燈區，晚間在路面行的話，就會遇到較多醉酒佬或尋歡的朋友，拖著小朋友的家庭客如我們，就顯得有點尷尬了。

地：1, Sukhumvit Soi 13 (BTS Nana), Bangkok
電：02-098-1234
交：BTS Nana 站經天橋即達
網：www.hyatt.com

曼谷暢錢攻略

去旅行必要解決的當然是暢錢問題啦！不過，無論到哪個國家，都不太建議大家在香港的銀行或機場兌換店，就把所有旅費都暢掉，因為這兩個地方的兌換率可是最唔抵的！想知哪裡最抵？就要留意以下地方啦！大家可以先在港換定首一、兩天的旅費備用，然後再帶定港幣到曼谷市區暢錢，這才是最划算的方法。

1 香港兌換店

香港兌換泰銖的匯率，比起在泰國境內兌換，相差約2-4%。當然，金額少就算不上甚麼，但**若預計夜機到埗，機場兌換店已關門，小編建議先在香港兌換約HK$500左右的泰銖，以便到埗後購買**電話卡、小吃及往酒店的士的車費即可。

2 曼谷機場機鐵站 (B1/F)

在BKK機場機鐵站(B1/F)居然有6間兌換店，有橙色Superrich(營業至11pm)，有Value+及Happy Rich（營業至11:00pm），匯率各自相差約1%-0.5%，如遇上夜機到埗，就不要為了幾十銖留待翌日才去某某地方兌換。

Value+：www.valueplusexchange.com /
Happy Rich：www.facebook.com/pages/
HAPPY-RICH-MONEY-Ex-
change/1665236483716548

3 Super Rich

在曼谷市內很多地方都可以看到 Super Rich 專櫃，它是一間當地合法的兌換店，坊間曾有說綠標的 Super Rich 匯率較好，不過如今資訊發達，各家的匯率立即可以上網／app 查看。當然，如果只兌換一萬幾千港幣，其實在各機場快線 LG/F 各家兌換店兌換即可；若真的換得多錢的朋友，可以用 app 查看即時匯率，然後去水門總店兌換較佳。

App: SuperRich (iOS, Android)

暢錢流程

 → →

1) 找兌換店及看匯率可以先上網格價才決定是否兌換。

2) 提供護照正本作實還要預備填寫酒店名稱，出門前最好唸熟。

3) 點算清楚即可。

4 曼谷當地各銀行的提款機 (ATM)

如遇上心頭好，買到乾塘，最直接的方法就是去 ATM「撳錢」。匯率極差，銀行還要收取每單約 HK$40 的服務費（各家不同）。但無奈的是鬼叫你要買！

緊記，離港前必需要在香港的櫃員機啟動提款卡的「海外提款功能」！

A   B   C   D

N

Siam Kempinski

Siam Discovery

03

Siam Paragon

Siam Center

02

BTS Sukhumvit線
BTS Silom線

出1

Siam (CS)

出3
出5
出2
01

08

14
12
05 06
07
10
13
04

Soi 1
Soi 2
Soi 3

Siam Square One

出4
出6

Soi 5
Soi 6

Henry Dunant Rd.

Soi Siam Square

09 11

Novotel
H

Soi Chulalongkom 64

Ratchadamri Road

1
2
3
4
5

Map 1-1
Siam

Siam

Chitlom
Ploenchit
Asok
PhromPhong
ThongLor
Ekkamai
Udom Suk
Victory Monument

~ Siam Paragon ~

依然有人氣　**MAP 1-1/C2** 01

Siam Paragon

🚗🚌 BTS Siam站3號或5號出口直達。

　與Emporium同屬一個集團的Siam Paragon，曾是東南亞最大的百貨商場，佔地500,000平方米，接近八百間名店。雖然今時今日「最大」這個紀錄已被打破，不過仍是全城人流最旺的商場之一。中央地帶為百貨公司，外圍則是國際高級名牌時裝店、名車店及各式品牌店。

INFO
地址：991 Rama 1 Road, Pathumwan
電話：02-610-8000
營業時間：10am-10pm
網頁：www.siamparagon.co.th

重新命名兼加料

Siam Sea Life 1a

　曼谷的Siam Sea Life是東南亞區最大的室內水族館，內裡有個透明玻璃的行人小橋，橋下有很多鯊魚游來游去；也有在南極運來的小企鵝，遊人可透過玻璃觀賞牠們。

　此外，可乘坐自費的玻璃艇在水族館水池繞場一匝，透過玻璃艇欣賞海底生態，每日也有潛水人員潛落水底餵魚，更可以自費玩Sea Walker（即戴著氧氣筒爬梯落深海位置進行海底漫步），會有鯊魚及各種魚類在身旁經過。

INFO
地址：B1-B2/F
電話：02-687-2000
營業時間：10am-9pm（最後入場時間為8pm）
收費：成人門票990銖；3-11歲小童790銖（如在網上訂購有9折優惠）
網頁：www.sealifebangkok.com

家謙式火焗
Hitori Shabu `1b`

泰國近來興起「家謙式火焗」——即是一個人都可以盡與。這些一人火焗店越開越多，不過菜式要靠得近日式的，就要算這間。這裡有兩個煮法供應——要麼Shabu Shabu，要麼用鐵鍋燒肉。最基本抵食的黑毛和牛Set都只是580銖；最高級的座布團A5和牛set也只是1,390銖。除了牛肉和豬肉外，也有海鮮套餐，真正盡興。

> **INFO**
> 地址：G/F
> 電話：099-445-6645
> 營業時間：10am-10pm
> 網頁：www.facebook.com/hitorishabu

熱賣水貨爆谷桶
Major Popcorn @ Cineplex `1c`

Major是泰國兩大電影院線之一，每逢看電影，少不免要點一客大爆谷邊看邊吃。Major就看中了這一點，索性大做特做！每逢有大片上畫，就會專誠做些電影相關的爆谷桶，連同爆谷餐一同發售。據聞昔日有朋友看中商機，買了好些爆谷桶回港轉售，是否圖利就不得而知了。當然，如果遇上心愛的電影角色出品爆谷桶，買一個留念也是美事。

> **INFO**
> 地址：G/F (Food Court後方)

~ Siam Paragon ~

堂食爆谷

Pennii `1d`

上文提到戲院爆谷，味道款式其實來來去去只有焦糖或咸味。但Pennii則提供多款不同味道的爆谷，而且提提供堂食！除了爆谷之外，還提供其他小食，真正讓你慢慢享受嘆爆谷的樂趣。

INFO
地址：G/F @ Gourmet Garden
時間：10am-10pm
網址：IG：penniipopcorncafe

重新裝修

Oriental Shop `1e`

文華東方的餅店在Siam Paragon內原本有兩間，現在只剩一間，而最吸引客人便是其afternoon tea set，935銖，糕餅造型特別及繁多，質素不容置疑，因為是來自鼎鼎大名的文華東方餅店，所邀請的餅廚相信來頭不小。

INFO
地址：G/F
電話：02-610-9845
營業時間：10am-8pm
網頁：www.mandarinoriental.com/bangkok/
　　　fine-dining/the-mandarin-oriental-shop

坐低食杯靚雪糕

Swensens `1f`

Swensens在曼谷開到成行成市，不過其中一間裝修比較有趣的就在Paragon開業。這裡有一列bar枱式的坐位，望到店員畢雪糕之餘，景觀也算開揚，也吃得暢快。

INFO
地址：G/F @ Food Hall　　電話：063-203-3166
時間：10am-10pm

永遠要等

Coffee Bean by Dao

1g

這店以西餅起家，繼而發展成餐廳，在曼谷已有多間分店，數這店最好生意，日日可以見到一大堆人在排隊等位。餐廳品牌由最初只提供糕點，漸漸發展到其他款式食物。餐廳內所賣的也不只是咖啡、蛋糕那麼簡單，也有新派泰菜、西餐及意粉等供應。

INFO
地址：G/F 電話：02-610-9702
營業時間：10am-8pm
(7:30pm L.O.)
網頁：www.coffeebeans.co.th

也都有超市

Gourmet Market

1h

這裡可以算得上一應俱全，當你購買海鮮肉類時，超市可以免費幫你蒸熟，店員甚至還會細心地幫忙剝開蒸熟的蟹，把蟹箝拆肉，讓你可以即買即吃。

此外，超市裡亦有小型寵物用品的專區，愛狗人士可在這裡有所收穫。值得一提是，其實在這個超市購買芒果，如果客人想打包帶回香港，只需付大約20至35銖，在入口處的櫃枱就有專人負責封箱，讓你整箱托運上機，十分方便。

INFO
地址：G/F
電話：02-690-1000
營業時間：10am-8pm
網頁：www.gourmetmarketthailand.com

Siam
Chitlom
Ploenchit
Asok
PhromPhong
ThongLor
Ekkamai
Udom Suk
Victory Monument

熒幕播放食物圖片

Paragon Food Hall 1i

以前Siam Paragon地下的food court最大的賣點是有大魚缸陪大家食飯，現在food court重新裝修後大魚缸被搬走了，取而代之是Paragon Food Hall高雅先進的環境。每個檔位一定會有英泰雙文對照，上面還有電視展示他們食物的圖片，告訴大家海南雞飯的模樣，讓大家知道食物的擺碟是怎樣，不用擔心點錯食物。

重新裝修所賣的食物有超過三十多款，可以說是一個蠻方便蠻大型的Food Hall。

INFO 地址：Market Hall, G/F.
營業時間：10:00am-10:00pm

掃街小食天堂

Food Hall-Take Home 1j

Siam Paragon地下幾乎全與食有關，除了food court、餐廳、Food Hall之外，更有一區叫做Take Home，內裡有些檔口在賣不同的地道泰式小吃，如泰北香腸、芒果糯米飯、椰汁糕、炸豬皮等，是愛雜食人士必到之地。

INFO 地址：G/F
營業時間：10:00am-10:00pm

商場裡的炸蛋
Taling Pling

Siam Paragon 雖算是高級商場，但場內不乏平民級美食。Taling Pling 的出品，二百多銖一碟已有交易，家常泰菜全日供應，但最特別的是這道「炸蛋碎肉飯」，雞蛋炸得香脆，簡單得來又有特式。

INFO
地址：G/F　　電話：02-129-4353-4
營業時間：11am-10pm
網頁：http://talingpling.com

蝴蝶袋男裝版
Naraya 1l

蝴蝶袋（Naraya）在 Siam Paragon 附近雖然已有多間分店，但在這個商場內多了兩個系列店舖，一個是男裝店，店內有男裝的腰包、手袋等各式袋；

另一個是 Nara，乃 Naraya 高級女裝版本，商品的手工用料都跟其他的不同，細緻及豪華得多，價錢不算太貴，如你是 Naraya 的 fans 必定要一到朝聖，因為就連小朋友的廚房用品也有得賣，簡單男女老幼一網打盡。

INFO
地址：3/F
電話：02-610-9418
營業時間：10am-10pm
網頁：www.naraya.com

Siam
Chitlom
Ploenchit
Asok
PhromPhong
ThongLor
Ekkamai
Udom Suk
Victory Monument

Siam

Chitlom

Ploenchit

Asok

PhromPhong

ThongLor

Ekkamai

Udom Suk

Victory Monument

血拼彈藥庫

Super Rich 1m

INFO
地址：3/F
電話：02-054-4000
時間：11am-8pm

去到曼谷，其中一個必玩景點就是找換店。其實除非你兌上十幾廿萬港幣，否則即使兌換價相差幾個點子，也不會讓你蝕到傾家蕩產。不過就是那份「賺到盡」的心理，就讓大家愛上「尋找那家匯率最好的找換店」的遊戲。

Paragon其實也是一個讓大家千金散盡的好地方，所以最好有一家找換店，讓大家來這裡補充一下彈藥。

不過這店人氣極旺，匯率極好，要花點時間攞飛排隊喔。

商場內100% 地道泰南菜

Baan Ice 1n

餐廳的menu居然全部是泰文，一點英文也沒有，由此可見，絕對地道。

這裡最大的特色是食南部菜，南部菜味道偏辣，其中有款湯相當好味，是一款類似冬蔭功湯的椰汁蝦湯，加入腰果，味道濃郁，十分滋味。此外，還有一種南部特色的飯，飯本身不熱，飯旁加上一堆堆的椰肉、柚子肉、乾蝦、芽菜等，淋上檸檬汁，將飯拌勻來吃，相當滋味。他們用大大粒的蟹肉炒配菜也是獨家菜式，有興趣如果想食傳統南部菜的話可以來試一試。

INFO
地址：4/F
電話：02-129-4808
營業時間：11am-8pm
網頁：www.facebook.com/baanice.
　　　 restaurants

~ Siam Paragon ~

香味手信店
Mt.Sapola `1o`

/////////////////////////////

這裡有香茅味的洗頭水、沐浴露、護髮素等等一系列日用品供選擇，定必是「吸蚊人」首選，因為香茅具有驅蚊作用。

除了供應女士專用品外，還有男性的沐浴露和面部護理產品，有些具有排毒功能。最新推出的口味是香茅加薑，全城獨家發售。另外，你可以在此買到香薰、空氣清新劑，用來作為一種另類的手信。

INFO
地址：4/F
營業時間：11am-8pm
網頁：www.mtsapola.com

清邁情懷中西食店
Fai Sor Kam `1p`

/////////////////////////////

這間餐廳以清邁菜為主可以算是一個經典，店址最初位於Siam Discovery，現搬到Siam Paragon的Food Passenger地帶，位置更好，規模更大，頓時變成一間賣蠟燭、家品及兼有餐廳的店舖。不過，店主覺得單是清邁菜有點單調，於是還做了些東西合璧的菜式。認住門外的那對古代泰白獅子，在Food Passage數十家餐廳中，它贏得了不錯的聲譽。

INFO
地址：4/F
電話：02-610-9717
營業時間：11am-8pm
FB：Fai Sor Kam

Siam

Chitlom
Ploenchit
Asok
PhromPhong
ThongLor
Ekkamai
Udom Suk
Victory Monument

~ *Siam Kempinski @ Siam Paragon* ~

可替你照顧小朋友去的Spa　MAP 1-1/C1　1q

Siam Kempinski Spa

曼谷的 Siam Kempinski 酒店。內裡有全曼谷最大的酒店 kids club，Spa 客人可以把孩子送到 kids club 中被照顧，父母便可安心享受位處7樓的 Spa 服務！

設備方面，他們有6至7間 Treatment 房，部分有沖涼缸，環境頗為優雅。除了高級的 Treatment，這裡也有普通的泰式按摩等等，如果你住在酒店或想要一個較為寧靜舒適環境休息和浸浴的話，不妨來這間酒店做 Spa。

INFO
電話：02-162-9050
營業時間：10am-10pm
網頁：www.kempinski.com/en/bangkok/siam-hotel/luxury-spa/

得獎分子料理米芝蓮大廚餐廳　　　　　1r

Sra Bua by KIIN KIIN　MAP 1-1/C1

在 Siam Kempinski 酒店內的 Sra Bua by Kiin Kiin 是一間十分著名的餐廳，其大廚係來自丹麥的米芝蓮大廚，這間餐廳雖然不打正招牌是做分子料理，但部分食物的造型及做法跟分子料理差不多。

午餐除了有 A La Carte 外，亦有一些3道菜的午餐，價錢是1,589銖；而晚上則有提供11道菜的晚餐，價錢是3,178銖。雖然菜式的份量較小，但吃完11道菜都夠飽的。由於是五星酒店，所以有 dress code，背心短褲拖鞋免問之外，6歲以下小童不能進入。

🚗 通過Siam Paragon行到尾端，在M樓層有天橋連接去酒店。

INFO
地址：Rama 1 Road 991/9
電話：02-162-9000
營業時間：12nn-3pm；6pm-12mn
網頁：www.srabuabykiinkiin.com

創意起源
Siam Center
MAP 1-1/C2 02

BTS Siam站1號出口直達。

Siam Center是曼谷的潮型集散地，經過裝修後，其門口、通道、接待處以及吊燈融入藝術感，似是進入酒店而不是商場，連保安的制服都是由Greyhound時裝品牌所設計，製作認真。場內有超過五百個LED屏幕，無論大家走到哪裡，都有視覺的享受，尤其是天花板的立體LED投射，營造出豪華感。

INFO
地址：Siam Center, Rama1 Road, Pathumwan
電話：02-658-1000　　營業時間：10am-10pm
網頁：www.siamcenter.co.th

香港還未有 2a
Bath & Body Works

一個來自美國的沐浴用品品牌，店舖佔地面積大，所售的沐浴用品味道分為男、女裝，價錢相當實惠，還有旅行套裝和handcream、空氣清新劑等等，種類繁多，味道亦有很多選擇。

不少網友都說在美國用過感覺很好，現在香港還未有分店，所以會來泰國大量搜購。

INFO
地址：M/F
電話：02-252-5800

Siam
Chitom
Ploenchit
Asok
PhromPhong
ThongLor
Ekkamai
Udom Suk
Victory Monument

2b

上校的新衣
KFC Digital Lifestyle

　　家鄉雞大家吃得多，但家鄉雞時裝你又見過未？由食品進軍時裝界，在泰國的例子真是多的是，而且多數玩味十足。討厭「被撞衫」的潮友，今趟可以來這裡點一套「雞餐衫」，回港穿上去街極高機會被潮流雜誌記者截停拍照。當然，不買衫的話，都可以在這裡點個雞餐填肚。提提你，這間以 Digital Lifestyle 為題的店，全店 cashless！要用信用卡付款喔！

INFO
地址：G/F

絲巾之都
Kiss Me Doll

2c

　　光看名字，絕對想不出是賣絲巾的潮店。更甚的是，他們經常跟日本各大動漫 crossover，例如多拉A夢、Hello Kitty 等等，無論圖案或款式都相當入型入格，送禮自奉兩相宜。

INFO
地址：M/F
網站：IG：kissmedoll

Siam

Chitlom

Ploenchit

Asok

PhromPhong

ThongLor

Ekkamai

Udom Suk

Victory Monument

絲巾之都
Absolute Siam Store
2d

INFO

地址：1/F

泰國有許多型潮的時裝品牌，大家如果要四周去找，實在費時失事。此店就將十數個泰國時裝品牌集中一店，方便之餘，更推出店內限定，連自家品牌專店都未必有售，喜歡泰潮的你這站就不要錯過啦。

上校的新衣
Frank Garcon
2e

Frank 在 Siam Sqaure 賣得意貼紙而出名，如今經到 Siam Center 來！店內的東西基本上都是無無聊聊，但又相當逗趣，價錢不貴。除了貼紙外，還有許多中文 crossover 泰文的 Tee 及 daily accessories。為日常生活增添趣味，何樂而不為呢？

INFO

地址：1/F
網站：IG：frank_garcon

Siam

Chitlom

Ploenchit

Asok

PhromPhong

ThongLor

Ekkamai

Udom Suk

Victory Monument

Siam

Chitlom

Ploenchit

Asok

PhromPhong

ThongLor

Ekkamai

Udom Suk

Victory
Monument

花喱轆副牌
Table Fairy (Pop-up)
2f

泰國很流行出副牌，潮流時裝品牌更甚。Table Fairy 其實是 SODA 的副牌，在 Siam Center 開時裝店之餘，更提供輕食 cafe。用餐環境明顯花心思裝修，也有個別打卡位，行得累不妨坐低食件 scone 打打卡再行過。

INFO
地址：1/F
電話：062-568-8289
網站：FB：Table Fairy

放低你嘅男人
Gundam Base
2g

INFO
地址：Rm C158, 1/F
電話：094-954-8444
網站：FB：SiamCenter

相信不用多介紹，大家都知道這裡賣甚麼。對於女仕們，高達模型實在沒有太大的吸引力；但對於同行的男朋友 / 老公 / 阿仔就不同了！放低他們在這裡，讓你去安心購物半句鐘，賺了！

冲哥快閃飯堂
Easy Buddy
2h

INFO
地址：2/F
時間：10am-10pm
網站：FB: Easybuddybkk

價錢相宜、唔駛諗；馳名的肉排煎蛋飯，即點即上。據聞冲哥間唔中貪方便來這裡吃個快飯，不妨試試來這裡看看能否找冲哥打個咭！

~ Siam Center ~

吃在冷與熱情之間

2i

Hasul Korean Restaurant

everyday Korean soul food

全新進駐 Siam Center 的餐廳！業主順應潮流，引入泰國人近年熱愛的韓餐！用餐環境簡約，少少 hip 味，暫時未見人龍，但食物賣相頗精緻，味道亦佳。Hasul 的意思是「夏雪」，不過餐牌的食物卻是百份百熱呼呼的韓餐，相當 contradict。

INFO
地址：2/F
時間：10am-9pm
網站：IG：hasulofficial

火山大爆發

2j

豚骨火山Tonkotsu Kazan Ramen

日本拉麵相信大家都吃得多，不過用石頭大碗盛著原碗上，就比較特別。奉餐後，侍應會將湯頭倒進加熱過的石頭大碗，「咋」一聲就見到湯頭翻滾的情景，像火山一樣，再蓋上紅色「煙囪」，看著蒸氣湧出來，視覺效果滿分啊！

INFO
地址：2/F
時間：10am-9pm
網站：IG: tonkotsukazanthai

Siam

Chitom

Ploenchit

Asok

PhromPhong

ThongLor

Ekkamai

Udom Suk

Victory Monument

Model身形另類之選

Theatre

`2k`

這間店是Siam Center內最出名的時裝店，款式有貴有平，有男裝也有女裝，還有鞋和飾物。以男裝來説，相當華麗，裡面的衫不是供一般返工穿著，可能是為了做show或者

出席晚宴而設。我最喜歡的是他們的男裝裙，採訪當日有幸見到他們的De-signer，也是著住男裝裙示人。男人著裙本來可能是十分娘娘腔的事，但他們設計的裙型瀟灑，適合一些高瘦身材的人士。

INFO
地址：1/F
電話：02-251-3599
網頁：www.theatrebangkok.com

Young Line型品

Wonder Anatomie

`2l`

這間店的設計師是一個二十多歲的年輕人，樣子很可愛，估不到年紀輕輕有如此規模的舖頭。店內的作品是自己設計之餘，在曼谷不同的商場也有得賣。其中主打店在Siam Center，以女裝為主，款式較為浮誇和古怪。她會將PVC膠變為服裝和手袋，也有將一些不同種類的布拼接成一件衫。最令人欣賞的是天花板的設計，紙質骷髏骨鋪滿整個天花板，內外都如此有創意。

INFO
地址：1/F
電話：02-658-1494
FB：Wonder Anatomie

~ Siam Center ~

型格男裝 **2m**

FRI 27 NOV.

Fri 27 Nov是泰國時裝設計師的作品，主要賣男裝，全部有型有格，可惜的是只有大碼沒有加大碼，好像我這種身形的只能望門興歎。此外，還有飾物、鞋子發售，全部自家設計。

INFO
地址：1/F
電話：02-658-1703
網頁：www.fri27nov.com

外表不地道的地道餐廳 **2n**

Petite Audrey Cafe & Bistro

餐廳Audrey的人客大多數是泰國人，而其主打的泰菜頗有創意，最重要的是裡面的裝修很有法國風情。由於口碑好，它們被邀請進駐到Siam Center開分店。

裝修陳設延續之前的法國風情，食的是帶有少許fusion的泰菜，最經典最好食的是冬蔭功薄餅。Pizza是用法式crepe去做，所以特別薄和香口。此外，他們也有眾多泰菜：有一款脆皮燒肉與中式燒肉不同，入口很鬆脆。

INFO
地址：4/F
電話：02-658-1544
營業時間：10am-10pm
網頁：www.facebook.com/Audrey.
Cafe.Bistro

重新出發

Siam Discovery

MAP 1-1/A2 03

BTS Siam站1號經天橋或穿過Siam Center直達。

Siam Discovery 在2016年6月初重新開業，它的主題更加清晰，Siam Discovery 現在有很多來自日本設計師的時裝作品，有些是首次來泰國的，當然還有地道泰國時裝設計師的作品，全部坐落於地下，樓上的男女裝種類和品牌也有很多，全個商場除了潮加型之外，亦不忘增加本地色彩，絕對是Siam區一個全新好去處。

INFO
地址：Rama I Rd, Pathum Wan
電話：02-658-1000
營業時間：10am-10pm
網頁：www.siamdiscovery.co.th

Siam
Chitom
Ploenchit
Asok
PhromPhong
ThongLor
Ekkamai
Udom Suk
Victory Monument

平過香港

3a

CDG

COMME des GARÇONS

香港的朋友跟我講，這裡賣的價錢，比在香港買還要便宜，款式比香港更多！如果你是Filip Pagowski「可愛心心」的忠粉，不妨來走一趟，可能執到三五七件超抵買的TEE。

INFO
地址：G/F　　電話：02-021-2140
營業時間：10am-10pm　　網頁：www.siamdiscovery.co.th

綠得有型
Ecotopia
3b

INFO
地址：3/F
電話：02-658-1000 ext. 3400
營業時間：10am-10pm
網頁：www.siamdiscovery.co.th

顧名思義，此店跟綠色時尚有關。店內分開 Gadget/Beauty/Home Decor/Food 和 Fashion Zone，絕大部份發售的東西都是由有機／天然或 upcyclced 的物料製成，款式新穎，不得不讚泰國人的創意！

泰靚新國度
Icon Craft
3c

INFO
地址：3/F
營業時間：10am-10pm
網頁：IG: iconcraft_th

泰式家品一直是香港朋友添置新家品時的首選目標，除了去 JJ Market 搜羅之外，Siam Discovery 也有一個專售泰式家品的地帶！價錢當然不能跟 JJ Market 競爭，但這裡賣的是品質和品味。由小擺設、明信片，以至燈具傢具都一站式提供，每個品牌都會有設計師和設計概念的簡介，讓你全身進入泰靚國度。

Siam | Chitom | Ploenchit | Asok | PhromPhong | ThongLor | Ekkamai | Udom Suk | Victory Monument

泰有創意

3d

Objects of Desire Store

INFO
地址：3/F　　營業時間：10am-10pm
網頁：IG: objects.of.desire.store

ODS跟ICONCRAFT有點相似，就是兩者都是推廣泰國當地設計師的作品。不過ODS就主力走年輕路線，以創意創新為賣點。即使是普通的家品，只要包裝得宜，加入逗趣的元素，即可將沉悶的生活豐富起來。

環保新商場　　　　　　　　　**MAP 1-1/C3** **04**

Siam Square One

🚗 BTS Siam站2號出口直達。

由於商場要配合環保，故沒有開設空調，而商場內的地庫以賣時裝為主，樓上則大部分為食店。整個商場相當open，每層的layout都有點不同，所以在場內遊走感覺新鮮，「行極都好似行唔完」。

地庫層有LINE STORE及Eveandboy化妝旗艦店，地面層又有人氣爆燈的After you甜品店，樓上又有平靚正的年輕服裝小店。想立即變青春？得咗！

INFO
地址：Next to BTS Siam station
電話：02-255-9994
營業時間：11am-10pm
網頁：www.facebook.com/SIAMSQUAREONE

Siam | Chitlom | Ploenchit | Asok | PhromPhong | ThongLor | Ekkamai | Udom Suk | Victory Monument

貼入你心

Adidas

4a

Adidas其實在香港也有大型旗艦店，不過曼谷這間旗艦店則有提供泰式圖案及字樣燙貼服務，真正是「泰有型」的時裝。

INFO
地址：LG/F
營業時間：11am-10pm
網頁：www.adidas.co.th/en

女為悅己者容

Eveandboy

4b

用美容化妝品超市來形容它實在是不為過！這裡可以一站次找到許多又便宜又精美的化妝品，放學時候有很多女學生來這裡搜購，所以如果可以，不妨在放學前行一圈，否則就要跟當地的女生爭位排隊付款了。

地址：LG//F
營業時間：11am-10pm
網頁：www.eveandboy.com

地道生活百貨

Peylaa

4c

想買最地道的泰式生活百貨，來這裡就對了。由香薰、衫褲鞋襪、手袋、泰式零食、廚具用品等等，真正一應俱全，而且價錢相宜。如果去Big C去厭了，不妨來這裡搜羅一下，應該會有新發現。

地址：LG/F, FS001
營業時間：11am-9pm
網頁：http://peylaa.com

Siam
Chitlom
Ploenchit
Asok
PhromPhong
ThongLor
Ekkamai
Udom Suk
Victory Monument

Siam

Chitlom
Ploenchit
Asok
PhromPhong
ThongLor
Ekkamai
Udom Suk
Victory Monument

可愛到唔捨得食　**4d**

Tokyo Sweets

　　去曼谷多數都是買豬肉乾魷魚片做手信，不過今次可以試試買日式士多啤梨大福！這間甜點店在當地頗受歡迎，除了普通「一舊過」的大福外，還有期間限定的可愛海豹／肥豬仔造型大福，打卡影相出IG都是好題材。

INFO
地址：2/F, OS005　　**電話**：092-321-9222
營業時間：11am-9pm
網頁：www.facebook.com/tokyo.sweets.bkk

救你一命　**4e**

Seven Days Optic

　　泰國的眼鏡款式跟香港的沒啥大分別，而這些在香港也是多的是，沒甚特別。但旅行時往　往anything can go wrong will go wrong——眼鏡出意外時要配眼鏡，「速配」眼鏡店一定幫到你。990銖起就可以配一副鏡架連鏡片救命，乎復可求？

INFO
地址：2/F, 011-12　　**電話**：02-252-2401
營業時間：10am-10pm　　**網頁**：http://sevendaysoptic.com/th

20銖一件抵到爛　**4f**

Moshi Moshi

　　20銖一件精品，簡直比淘X更加平！此店嚴如小型百貨——文具家品化妝護膚乜都有！雖然有些貨品的確是來自淘X，但也有來自日本或東南亞的貨源，質素頗高。想買些小禮物小文具逗小朋友開心，不妨來這裡逛一逛。

INFO
地址：LG/F　　**電話**：065-519-0786
營業時間：10am-9:30pm
網頁：www.moshimoshi.co.th

5/F 自助火焗巡禮

食得晒先好嗌

4g

Burn Whale

Burn Whale 相信香港遊客不會陌生，599銖起（Standard Buffet）90分鐘內任食各種海鮮，新西蘭青口，琵琶蝦、魷魚、本地大河蝦、生蠔、龍蝦、各種甲殼類、蟹、粉麵、木瓜沙律，甚至乎壽司、薯條、雪糕等等都有。

INFO
地址：5/F, 031-32　　電話：080-966-6006
營業時間：11:00am-10:00pm（9:30pm L.O.）
網頁：www.facebook.com/BURN.WHALE

最芝你心意

4h

Cheese Owl Korean Buffett

泰國的朋友真的很愛吃buffett，無論是日式泰式或韓式的都大小通吃。Cheese Owl就主打韓式芝士湯鍋，白金套餐629++銖包任食韓式醬油蝦、三文魚刺身、韓式雪花冰等，實在是抵食！

INFO
地址：5/F, 018-19　　電話：091-698-8570
營業時間：11:00am-10:00pm（9:30pm L.O.）
網頁：www.facebook.com/cheeseowl

可憐天下熊仔身

4i

Tenten

打邊爐店在曼谷多的是，不過這家Ten Ten 更加入其他all you can eat的環節，499銖食足100分鐘！除此之外店家有另一打卡位──熊仔湯底！看著那隻凍冰冰的熊仔一直溶在熱鍋中，變成滾熱辣的湯底，相當有趣。

INFO
地址：5/F, 025　　電話：062-479-1623
營業時間：11:00am-10:00pm（9:30pm L.O.）
網頁：www.facebook.com/tentenshabusushi

泰有型理髮店 4j
Neversay Cutz

在 Siam Square 裡有間型仔飛髮舖，實在泰有型，裡面的主題是 Hip Hop，髮型師和顧客基本都是20歲出頭的男仔，超過二十歲還來幫襯的我實在有點不太好意思，所以我都會揀人潮比較少的時候幫襯，幸而那個年輕得可做我個仔的小師傅不介意為老餅服務。

這間店舖最出名的是幫你在頭上雕花，剪出一些圖案；他們的album就有十多款俾你揀又或者你叫師傅自創剪個Batman logo都行；只要你說得出，都可以剪得到，價錢大概350銖。

雖然泰國人傳統是星期三不去剪頭髮，但年輕人百無禁忌，星期三照常營業幫人剪頭髮。

地址：1/F
電話：02-252-0852
營業時間：10am-9pm
網頁：www.neversaycutzbarber.com

80年老字號魚蛋檔大變新 4k
Lim Lao Ngow（林老五）

Siam Square One 裡面就開了一間新派的魚蛋檔，店子的英文名來自潮州語，差不多是林老五的意思，在曼谷已有80年歷史，且有兩間分店，清邁也有，Siam Square One分店是第一間商場內的分店，命名Bistro！

這裡專門食魚蛋粉、麵，只是新派裝修並沒有令地道、價錢變味，一碗魚蛋粉的價錢依舊和街邊差不多，裝修及環境全新但食物賣相卻保留傳統。

地址：5/F
電話：02-115-1435
營業時間：11am-9pm
網頁：www.limlaongow.com

~ Siam Square One ~

最方便的一間

建興酒家

4I

////////////////////////////////////

很多人來到曼谷都會到這間酒家吃泰菜，尤其是店裡的咖喱炒蟹及咖喱炒蟹肉都相當馳名。交通最方便，在 Siam Square One 4樓的這間新分店由 Siam 站一出便到，而且裡面的座位不多，不像其他分店4層樓般高，人客太多，廚師煮不停，質素自然差一點。

INFO
地址：4/F
電話：02-115-1401
營業時間：11am-10pm（9pm L.O.）
網頁：www.somboonseafood.com/index.php/en/branch/10

Chitom
Ploenchit
Asok
PhromPhong
ThongLor
Ekkamai
Udom Suk
Victory Monument

~ Siam Square One ~

30年的曲奇

4m

PN cookies

一生人有多少個30年？PN cookies 其實是由一對泰國夫婦1992年創辦的曲奇烘焙店，一做就是30年，餅點實而不華。經典的 Honey Cranberry Meringue 是地道人氣之選，深受泰國朋友歡迎，甚至大批訂購送禮，相當誇張。

INFO
地址：5/F, 008　　電話：092-098-6565
營業時間：11am-8pm
網頁：www.facebook.com/pncookies

最方便易去的

Let's Relax **4n**

分店的裝修陳設和其他店舖差不多，皆是以現代風格設計，不過尺碼就細小一點，只有四千多呎，亦因為尺碼細小所以裡面的Spa房就沒有浴缸的設施，只有Shower的沖涼設備。

人客們光顧兩小時的按摩或其他Spa package之後會送上一客芒果糯米飯，這

間Let's Relax可能是Siam區裡營業到最晚的一間按摩店，因為他們的營業時間是到晚上12點。

INFO
地址：6/F
電話：02-252-2228
營業時間：10am-12am
網頁：www.letsrelaxspa.com

Siam

Chitlom

Ploenchit

Asok

PhromPhong

ThongLor

Ekkamai

Udom Suk

Victory Monument

人氣芒果甜品　**MAP 1-1/B2**

Mango Tango `05`

🚇 BTS Siam站2號出口徒步約2分鐘。

　　Mango Tango是泰國出名的芒果甜品大王，真係「細細個就聽過佢既名」！店鋪前後搬了好幾次，今次終於回歸地鋪。店面大了，但人客有增無減，故要找個位坐下來休息可能會有困難。除了各式各樣的芒果甜品外，還有不少可愛的芒果紀念品發售！

INFO
地址：Siam Square Soi 3, Rama 1 Road
電話：02-658-4660
營業時間：12pm-10pm
網頁：www.mymangotango.com

🚇 BTS Siam站2號出口徒步約2分鐘。

兒童不宜　`06`

#FR2

MAP 1-1/B2

　　來自日本原宿的「色情兔」，已經登陸Siam Square。這位對專門拍攝女生pat pat的攝影師#FR2，在IG的風頭的確一時無兩，配上澀谷109系人氣品牌VANQUISH主理人石川涼手筆的兔子作為品牌Logo，實在型潮。

INFO
地址：258 Siam Square Soi 3
電話：02-003-1732
營業時間：11pm-10pm
網頁：IG: fxxkingrabbits

有種老朋友 **MAP 1-1/B2** `07`

Center Point Massage

🚕🚌 BTS Siam站2號出口徒步約3分鐘。

這個不用多介紹啦！每每讀者問我哪家按摩店最好，我總是答最近你酒店那家就一定最好，因為不用舟車勞頓，已經賺回票價。

老手的你，應該知道Center Point的手勢不俗，價錢也合理。如住在Kempinski或Novotel的話，這間應該是較方便的一間了。

INFO
地址：266/3 Siam Square 3, Rama 1 Road
電話：02-658-4597
營業時間：10am-12mn（L.O. 10:30pm）
網頁：www.centerpointmassage.com

有種老朋友 **MAP 1-1/B2** `08`

Everyday kmkm

🚕🚌 BTS Siam站2號出口徒步約2分鐘。

以售賣香薰油起家的 Karmakamet，近幾年冒起得很快，由賣香薰油發展到開發生活百貨、家品裝飾、甚至時裝，俘虜了一班愛美的輕熟女仕。

現址樓上更開設了咖啡店，可以在樓下掃完貨後，上去喝杯咖啡休息，稍後再戰。

INFO
地址：258/5, 258/6 Unit 16, Siam Square Soi 3
電話：02-115-7978
營業時間：11am-9pm
網頁：https://everydaykmkm.com

東北菜之選　MAP 1-1/B3　09
JaeDang

🚗🚌 BTS Siam站2號出口徒步約4分鐘。

地址：430/1 Rama 1 Road, Pathum Wan
營業時間：10am-7pm

JaeDang其實是泰國的老店，主打泰國東北菜，其燒豬頸肉配甜酸醬更是人氣之選，299銖已有交易。近年開始以特許經營店方式在泰國各地開分店，雖說特許經營，但水準不俗，值得一試。

韓式蒸多士　MAP 1-1/B3　10
Mil Toast House

🚗🚌 BTS Siam站2號出口徒步約2分鐘。

這家走文青風的韓國包點甜品店，外牆大大塊多士logo十分易認，初到Siam Sqaure開業時人山人海，迫爆全場。

正所謂物離鄉貴，一個招牌推介的牛油疏乎厘多士connected雪糕餐索價近400銖，聽起來有點貴；不過環境及食物味道又的確物有所值，其蒸籠麵包更是每日熱賣（其實是將一早焗好的麵包放回竹蒸籠內蒸熱回軟）。

曼谷幾間大型商場都已經開設其分店，EmQuartier分店更是日日人龍呢！

地址：Siam Square Soi 3
電話：094-898-9999
營業時間：11am-11pm
網頁：www.facebook.com/miltoasthouseth

百味刨冰　　　　**MAP 1-1/B3**　**11**

Saranghae Bingsu

BTS Siam站2號出口徒步約3分鐘。

INFO
地址：Soi 10, Siam Square
電話：097-056-3781
營業時間：11am-9pm
網頁：www.facebook.com/
　　　　Saranghae.tteokbbokki

曼谷長時間都熱辣辣，食韓式雪花刨冰就最透心涼，這裡除了正路的果汁味刨冰外，還提供搞鬼味道，例如小老闆紫菜味、泰式奶茶味，深受當地年青人歡迎。不過用餐環境實在很普通，沒有打卡位，要影相出IG的話就效果差一點了。

女生至愛　　**MAP 1-1/B2**　**12**

Stickerland

BTS Siam站2號出口徒步約4分鐘。

INFO
地址：Siam square soi 2　　**電話**：098-3534155
營業時間：11:30am-8:30pm
網頁：https://daddy-stickerland.com

女生愛貼紙，是一個不解之謎。這家來自日本十級fancy的貼紙店，長期被曼谷的女生佔據！除了貼紙外，還闢了一角賣女裝及小手袋，真正一站式照顧女生的喜好。

酒干倘賣無

The Cassette Coffee Bar

MAP 1-1/B3　13

BTS Siam站2號出口徒步約2分鐘。

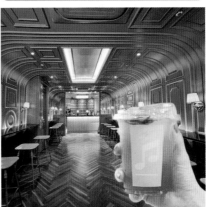

　　無酒賣的酒吧，豈可算是酒吧？其實這是夜店The Cassette的「年青無酒精版」的飲品店，在Siam Square這個年輕人聚頭的地方，總不能教他們喝酒，但又想做一些推廣，就索性開店賣咖啡。粉紫色的英倫風裝修，打卡出po一流。醉翁之意不在酒，點一杯咖啡，沉醉在夜店般的空間，頗有驚喜！

INFO
地址：264/4 Siam Square Soi 3
電話：061-654-6666
營業時間：10am-8pm
網頁：IG: the.cassette.coffee.bar

舊酒新瓶

Lido Connect

MAP 1-1/B2　14

BTS Siam站2號出口徒步約2分鐘。

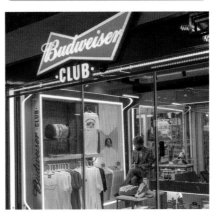

　　提起Lido，老手的你可能會有點印象！對了，這裡之前其實是一所老牌電影院，2018年5月業主「Love Is Entertainment」索性將它關門大吉，然後重新裝修，改建成現時的商場，但亦同時保留昔日的1號影院「Lido 1」繼續播放電影。其餘2間舊影院則先後改建為「Live House」作為表演場地，及「Blackbox」作為展覽場地。其他樓面則開設潮流小店，索性活化建築物，實為美事。

INFO
地址：256 Rama I Rd, Pathum Wan
電話：096-921-7679　營業時間：10am-10pm
網頁：www.facebook.com/lidoconnect

Chitlom

Siam

Chitlom

Ploenchit

Asok

PhromPhong

ThongLor

Ekkamai

UdomSuk

Victory Monument

港人必去

Big C Supercenter 01
////////////////////////////
MAP 2-2/C2

🚗🚌 BTS Chitlom站9號出口經Gaysorn Village，沿天橋走即達。

1/F收銀處外有免費紙箱任取pack箱，但封箱膠紙則需自購。

正當中港台遊客來曼谷必湧去Big C Supermarket購物時，我則對Big C沒興趣，但讀者對Big C的鍾愛程度卻十分狂熱，就連牙膏、貓糧及女士用品也要買一袋。

每間分店基本有兩層，第一層主要買超級市場的貨品，如果你住的是Service Apartment，可在此買材料，自己煮食。至於地下層的麥當勞，已經變成24小時營業的Mini Big C。新裝修後的supercenter，更設superrich兌換店，與及讓遊客暫放行李的Bag drop服務。認真體貼，真正讓你shop till you drop！

買了大量零食的朋友，可以在收銀處後方免費取紙皮箱自行pack箱（封箱膠紙自行購買），然後當行李寄倉喔！

INFO

地址：97/11 Rajdamri Road　電話：02-250-4888
營業時間：9am-10pm，BigC Mini 24小時　網頁：www.bigc.co.th

Phetchaburi Rd.

E F

1

2

Sōi Som Khit

Wireless Rd.

3

Central Embassy

4

BTS Sukhumvit線

出1

出5

Ph

5

Map 2-2
Chitlom

Siam

Chitlom

Ploenchit

Asok

PhromPhong

ThongLor

Ekkamai

Udom Suk

Victory Monument

東南亞最大商場

Central World

MAP 2-2/B3　02

🚌 BTS Chitlom站9號出口經天橋直達商場。

這個全東南亞最大的綜合商場CentralWorld，有差不多500多家商鋪超過35間是品牌的旗艦店，包括運動用品連鎖店SuperSports、電器用品連鎖店Power Buy、B2S書店等等。有近40間首度登陸泰國的店鋪，全是國際知名品牌。

INFO
地址：999/9 Rama 1 Rd., Patumwan　　電話：02-635-1111
營業時間：10am-10pm　　網頁：tourist.cpn.co.th/site-1-CentralWorld

英姐屋企的isan菜

Baan Ying Cafe & Meal　2a

Baan Ying泰文意思是ying姐的家，這個品牌在曼谷擁有不少餐廳。最初是在Siam Square為當地大學生而設的小店，故食物款式簡單，價錢不貴，現在幾乎所有的大商場都有其分店。Central World的分店與眾不同，食物方面除了本身的拿手菜，還加入了些特別東北 Isan 菜。

INFO
位置：3/F　　電話：02-646-1554
營業時間：10am-10pm　　網頁：www.baanyingfamily.com

回歸泰菜

Nara `2b`

當年在CentralWorld開業的 Nara，以精巧泰菜馳名，真正食過返尋味！餐廳以樹林式裝修設計，除原來的精巧泰菜便多了一分大自然味道。

五星級的陳設裝璜

Yum Saap `2c`

Yum Saap是一個泰國連鎖集團的名字，提供簡單的泰國小食及餐，如泰式粉、魚餅、煎蛋飯或木瓜沙律等，在很多地方也有連鎖店，價錢便宜，一點也不貴，而且Central World分店的座位比其他分店舒服，同樣價錢同樣的食物，當然會揀選這間分店吧！

Siam
Chitlom
Ploenchit
Asok
PhromPhong
ThongLor
Ekkamai
Udom Suk
Victory Monument

Siam
Chitlom
Ploenchit
Asok
PhromPhong
ThongLor
Ekkamai
Udom Suk
Victory Monument

曼谷靚景天台餐廳酒吧

Red Sky `2d`

🚗 5號出口,穿過天橋到centralworld,於戲院內的電梯到酒店,在55樓。

　位於Centara Grand酒店55樓的Red Sky,佔盡整個酒店55/F天台,室外有無敵靚景座位和酒吧。不想在戶外地方被大風吹及怕被雨淋的朋友可坐室內座位,仍有七成座位貼住落地玻璃,同樣能飽覽曼谷中心景色。

　位於Red Sky頂層的酒吧部分,是後期開的靚景地帶。開放式露天酒吧,360度落地玻璃設計,景觀開揚,而且不設Dress Code。

INFO
地址:999/99 Rama 1 Road, Pathumwan
電話:02-100-6255
營業時間:11:30am-2:30pm;6pm-2am
網頁:www.centarahotelsresorts.com/redsky

蝴蝶袋

NaRaYa `2e`

　當日CentralWorld被燒,網友第一反應是以後無得買蝴蝶袋!原來功高蓋主,NaRaYa在港人心目中地位崇高,這店並非最大,但人流卻最旺,可能因為其位置就腳。更值得留意的是,每年聖誕及農曆新年,這裡都會有相關節日的新款式貨品推出。

INFO
位置:B106-8, G/F
電話:02-255-9522
營業時間:10am-10pm
網頁:www.naraya.com

市中心也有室外溜冰場

The Rink `2f`

Central World內有室內溜冰場歷史是來自以前當 Central World仍是世貿中心時已有，裡面是有一個全曼谷唯一一個室內溜冰場，但當 Central World 重開時，The Rink便由地下移至樓上這層，現在仍有很多本地人幫襯。這裡有

溜冰課程供人參加，亦有一些溜冰輔助器供小朋友溜冰時不易跌到用，而教練亦是泰國國家溜冰隊成員，在熱辣辣的曼谷，可在這裡嘗玩一下涼快的活動。

INFO
位置：2/F, Atrium Zone　　電話：081-875-1212
營業時間：10:30am -9:30pm
網頁：www.therink-icearena.com

Central World內較相宜的按摩店

Montra Health & Spa `2g`

在 Central World 裡面可以做簡單按摩的地方並不多，真的鮮為人知，位置在於Istan百貨門口旁，是一間普通的massage店。店內有按摩椅和按摩床用來做簡單的treatment，價錢合理，最重要的是地點就腳，包括自己在內，行Central World 經常會行到腳痛，要找個方便的地方按摩實在選擇不多，這間可以説是Central World內的滄海遺珠。

INFO
位置：B212, 2/F, Zone B
電話：02-252-5562
營業時間：10am-10pm (8:50pm L.O.)
網頁：www.montraspa.net

Siam

Chitlom

Ploenchit

Asok

PhromPhong

ThongLor

Ekkamai

Udom Suk

Victory Monument

法式小酒館

Victoria By Cocotte

2h

INFO
位置：1/F　電話：92-390-808
營業時間：10:00am-10pm (L.O. 9:30pm)
網頁：www.facebook.com/victoriabycocotte

法式西餐總讓人覺得又貴又份量小，大大隻碟，細細份肉；事實又並不如此的。Victoria By Cocotte 其實是一家 Bistro 小酒館，環境比較 casual，食物精緻之餘也大眾化。由 Brunch 至晚餐一應俱全。下午茶也只是990銖/2位，相當抵食。

必試打卡下午茶

2i

Divana Signature

INFO
位置：2/F, Atrium Zone
電話：02-252-2614
營業時間：10:00am-9:30pm
網頁：www.divanacafe.com

一如他們的店舖裝修，在環境佈置上都花了很多心思。除了 cafe 以外，也有花賣(求婚或生日就最適合)，整個用餐區域都佈置得相當 fancy，打卡影相一流。
想平平地試一次，可以試試著名的 Afternoon Tea Set (1,200銖起)；店方表示因為有些客人用膳前其實都未食主食，所以 Tea Set 會菜式小份量的主食，包括菇菌三文魚法包及泰式沙嗲雞肉串，當然也有萬眾期待的膠原蛋白水晶啫喱花呢！

放鬆一下
Let's Relax

2j

這個其實也不用多介紹，相信大家都知道它是一家泰國很出名的連鎖式按摩店。特意在這裡再介紹，無非是讓你知道這裡有一家分店，住在水門街或 Chitlom 一帶的朋友，可以來這家分店嘆一下。

INFO 位置：2/F, D205　電話：02-255-6559
營業時間：10:00am-12mn
網頁：https://letsrelaxspa.com

2k

一大碗咁上
Meat Labo

船麵是泰國的經典菜式之一，細細碗，幾啖就食完，如此一餐就可以多試幾個口味，是極佳的飲食體驗。Meat Labo 的名氣雖不及那幾家知名的船麵店，但勝在款式多，最重要的是店家設有「超大碼」船麵，為食客提供另類的打卡機會。

除此之外，店家有豬肉和牛肉 / 河粉和粉絲供食客選擇，設店在 Central World 7/F，食得開心又坐得舒服，在附近 shopping 完可以來這裡嘆一大碗喔！

留意一下，店家不設晚市，只營業至 6pm。

INFO 位置：7/F, Beacon zone
電話：62-115-1205
營業時間：11am-6pm
網頁：**IG:** meatlabo

Siam
Chitlom
Ploenchit
Asok
PhromPhong
ThongLor
Ekkamai
Udom Suk
Victory Monument

Siam

Chitlom

Ploenchit

Asok

PhromPhong

ThongLor

Ekkamai

Udom Suk

Victory Monument

Home Sweet Home
H&M Home

2I

H&M Home其實香港都有，至於CentralWorld的分店則是全曼谷首家。這裡佔地比香港的更大，貨品更多。但正所謂醉翁之意，其實我是想順手推介店內的DARK cafe！三文治和甜點水準不俗，也有堂食座位讓大家休息一下。

INFO 位置：4/F

中湯打邊爐
Shabu Tomo 友

2m

查實這家火焗店實為旁邊「鄭斗海鮮酒家」旗下的副牌，跟一般火焗店不同，這裡的湯底全為中式，魚骨湯/冬蟲草湯和烏雞湯，滋潤清甜。吃膩了MK或者海底X，不妨試試這裡的中式湯底！

INFO 位置：4/F　電話：95-208-0174
營業時間：10:30am-9pm
網頁：www.facebook.com/shabutomoofficial

Siam

Chitlom

Ploenchit

Asok

PhromPhong

ThongLor

Ekkamai

Udom Suk

Victory Monument

泰式動漫

Kinokuniya 2n

　　重新裝修的紀伊國屋書店又再一次回歸Central World，裝修後的地方更大更多書，除了泰文／英文／日文書外，新店還開設了日本動漫專區。放底男朋友／老公在這裡，應該可以偷到30分鐘的自由購物時間呢！

INFO
位置：6/F　電話：02-056-4700
營業時間：10am-10pm
網頁：https://thailand.kinokuniya.com/

法雞泰煮

Poulet Thailand

2o

　　顧名思義，Poulet是指「家禽」(Poultry)，不過來自新加坡的店家似乎專攻法式燒雞！據稱店家將原雞腌足24小時才拿去慢煮，雞肉鮮味嫩滑，配上傳統冬蔭功醬汁（另有蘑菇汁或黑椒汁選配），十分惹味。除了焗雞外，也有慢煮牛尾、三文魚等。

INFO
位置：6/F, Zone Beacon　電話：065-350-7372
營業時間：10am-9pm
網頁：https://poulet.co.th

Siam
Chitlom
Ploenchit
Asok
PhromPhong
ThongLor
Ekkamai
Udom Suk
Victory Monument

懷舊泰菜
Khao Jaan-Prod

提起泰菜，總是海南雞飯，冬蔭功之類，其實還有其他值得一試的泰好味餐廳——Khao Jann Prod是一家米芝連一星，主打「傳統懷舊泰菜」，手法正宗之餘，價錢也相當親民。

泰南風味的咖喱蟹更是香濃美味，不太辛辣。最特別的是店家特設素食菜單，即使同行朋友吃素也可齊上齊落。

位置：7/F, Zone Beacon　**電話**：09-7917-7777
營業時間：11am-10pm
網頁：www.facebook.com/KhaoJaanProd

「郎」吞虎嚥
Sushiro

在香港食壽司郎，往往排隊排到天昏地暗；這家作為曼谷首間開業的壽司郎，店內設60張枱，其實也是人頭湧湧，只是沒有香港那麼誇張。價錢跟香港差不多，不過有幾款食品和醬汁是泰國限定，例如泰式三文魚、泰式海鮮醬。

位置：7/F, Zone Beacon
電話：02-118-2997
營業時間：10am-10pm (L.O. 9:30pm)
網頁：http://sushiro.co.th/

Siam

Chitlom

Ploenchit

Asok

PhromPhong

ThongLor

Ekkamai

Udom Suk

Victory Monument

好嘢嚟架
2r
Good goods

　　泰國買袋買包包，大家都熟悉蝴蝶袋。除此之外近期有一新人氣品牌——Good Goods！這個品牌其實是 Central 集團旗下的一個企業回饋項目，目的是幫助泰國不同省府的一些手工藝匠人，透過銷售帶動知名度，從而改善生活。

　　例如與 Bang Sueon 草藥俱樂部合作的商品，就是浸泡手和腳的泰國草藥，方便使用，只需用微波爐加熱即可。浸泡後可用溫泉鹽擦洗雙腳，放鬆疲勞的肌肉。

　　又例如沙功那府 Wanon Niwat 區 Ban Kut Chik 社區的「靛藍染色棉」，利用手工編織，使用真正的紗線製成梭芯，這與古舊傳統製法一樣。面料柔軟，是豐富多彩的優質棉。

　　下次經過見到不妨支持一下本地手工藝文化，裡面還有咖啡飲！

INFO　**位置**：G/F（Cha Tra Mue旁邊）　　**營業時間**：10am-10pm
網頁：www.facebook.com/aboutgoodgoods

Siam

Chitlom

Ploenchit

Asok

PhromPhong

ThongLor

Ekkamai

Udom Suk

Victory Monument

誠心求拜

四面神 MAP 2-2/B4 `03`

///

🚗🚌 BTS Chitlom站8號出口即見。

四面神神龕建於1956年，是曼谷著名的觀光名勝，每天都有不少人前往參拜。原來當年四面神所在地準備興建酒店時，接二連三發生事故，多名工人離奇死亡，業主便在工地附近建造這座四面神廟，及後不幸的事件亦不再發生。

在18年三月中，曼谷四面神有個新的呼籲，就是希望來參拜的善信不要點香及燭燭，原因就是希望改善空氣質素，保護大自然。自從這個呼籲出了之後，好多朋友都好乖，都不會點香，之不過都會象徵式插香枝。

我曾與有關部門了解，他們也説其實只是勸喻，而不是管制，如果大家都堅持要點香燭的話，其實他們也不會採取行動，不會抓你。不過最好當然是大家一同來保護大自然吧。

INFO
地址：Rama 1 Road & Ratchadamri Road 交叉口
電話：02-250-7777
營業時間：9:30am-10pm

紅屋商場 **MAP 2-2/D4** `04`
Mercury Ville

🚗🚌 BTS Chitlom站4號出口有天橋相連

這個Mercury Ville在曼谷都很久歷史，以前這個建築物只得地下一層開啟，裡面有提供意大利餐及泰國餐，但經2年重新裝修後全個商場煥然一新，外牆塗上紅色，更加醒神。由地下至四樓，除了部份是美容店舖外，大部份是食肆。

INFO
地址：540 Mercury Tower, Ploenchit Road, Lumpini
電話：02-658-6128　　**營業時間**：10am-10pm
網頁：www.themercuryville.com

BTS 站旁的歷史悠久海鮮店
Savoey Thai Restaurant `4a`

餐廳口碑極佳，顧客對象以本地人為主，此分店在Chitlom BTS站的Mercury Ville內，交通極方便。所吃的是新鮮海鮮。不太花巧連菜牌的設計也有如此感覺，但幸好內有英文和圖片。他們有自己的蝦場、漁場，保證所有食材的質素，煮法為泰式，除了一般的咖喱炒蟹、咖喱炒蟹肉、炸魚之外，有一味蝦是整隻原炸，連殼連頭整隻入口，這種食法是其他地方沒有的。

INFO
地址：2/F
電話：02-255-1790-2
營業時間：10:30am-9:30pm
網頁：www.savoey.co.th

Siam
Chitlom
Ploenchit
Asok
PhromPhong
ThongLor
Ekkamai
Udom Suk
Victory Monument

Siam | Chitlom | Ploenchit | Asok | PhromPhong | ThongLor | Ekkamai | Udom Suk | Victory Monument

富貴商場*revamped* **MAP 2-2/B3**

Gaysorn Village 05

🚗🚌 BTS Chitlom站8號出口，與天橋相連。

凡遊過曼谷的朋友，對Gaysorn都沒有特別好感，原因是整個商場都是走高檔路線，對港人沒啥吸引。不過最近Gaysorn造福遊客，進行大改造。將舊有的Gaysorn商場放為Atrium Gallery，除了名牌留守外，還進駐了一些中檔品牌及餐飲，讓大家都可以留下消費。

然後是新建Gaysorn Cocoon及開通Gaysorn North Gate，以有蓋天橋連接前往Big C、Isetan及水門街Platinum Novotel等三個Chitlom區極重要的旅遊點！如此一來簡直是造福萬民！

Gaysorn Atrium Gallery

是Gaysorn的原有部份，改動不大。只是新增引進一些中檔的餐飲店，讓大家都可以多逗留一下。新增的有1823 Tea Lounge、Starbucks及The Mandarin Oriental Cake Shop。

Ratchaprasong Walk

大家可以由BTS Chitlom站經Gaysorn走到這條有蓋天橋，一直走至BigC，以及Isetan和水門街Platinum Novotel酒店。

Gaysorn Cocoon

極富現代感的建築裝置。平日會有小型音樂表演在這裡演出，也是拍照打卡呃Like的好地方。

INFO
地址：999 Pleonchit Rd., Lumpini, Pathumwan
電話：02-656-1149
營業時間：10am-8pm
網頁：www.gaysornvillage.com

Gaysorn North Tower

這裡也是連接North Gate往Big C的位置。

泰國自家品牌

Panpuri & Panpuri Organic Spa

5a

這間店在泰國已有十年歷史，主要出產香薰油、沐浴露及洗頭水等，香味很濃郁，都可以說是與眾不同。在很多商場百貨也有專櫃，但說到店鋪內又有Spa可做的，只得這間。Spa房由兩間變成三間，做個Spa treatment也只是千多銖，而且有些treatment是給男士，也是2,000銖左右便有交易。

INFO
地址：2/F　電話：02-656-1199
營業時間：10am-8pm　網頁：www.panpuri.com

高級餐廳的超抵食二人份量一人*Afternoon Tea Set*

1823 **5b**

曼谷的四面神對面的Gaysorn Plaza主要是高級品牌店，內裡有間新開的茶室，叫1823，是來自德國的品牌，亦是泰國首間在亞洲區的分店，除了有超過50款茶賣，還有afternoon tea set和一些Homemade的糕點及午餐。

茶室有向街位，就正正看著四面神和天橋的景。有時去食afternoon tea就怕周遭都是遊客，大聲講，大聲笑，喜歡安靜的朋友都會有點掃興。

INFO
地址：1/F　電話：02-656-1086
營業時間：10am-8pm
網頁：www.facebook.com/1823tealoungebyronnefeldtbkk/

Siam

Chitlom

Ploenchit

Asok

PhromPhong

ThongLor

Ekkamai

Udom Suk

Victory Monument

Siam

Chitlom

Ploenchit

Asok

PhromPhong

ThongLor

Ekkamai

Udom Suk

Victory Monument

~ Gaysorn Village~

英國龍蝦品牌殺進曼谷

5c

Burger & Lobster Bangkok

在倫敦「嚮晒朵」的龍蝦漢堡包專門店 Burger & Lobster 在曼谷 Gaysorn 的分店不設訂枱，一定要 walk-in，「最低消費」起碼要等一個多小時。Menu 上主要分成三種食物，有龍蝦漢堡包、龍蝦和龍蝦包。當中最貴的就是2,900銖的龍蝦了，至於龍蝦漢堡包和龍蝦包，價錢也不至於超貴。

INFO

地址：G/F
電話：02-656-1111
營業時間：11am-10:30pm
網頁：http://burgerandlobster.com

吃個情意結

Provence

這個高貴船河粉，10年前設店於 Peninsula Plaza，蘇絲黃都有介紹過。如今店家已經搬至 Gaysorn Plaza 中庭，雖然環境有變，但味道和氣氛依舊。

百幾銖一碗船麵，係貴既！不過又未至於吃不起。一場來到，回憶無價啊！

5d

INFO

地址：L/G 中庭
電話：02-656-1438
營業時間：10am-8pm

泰好味的粵菜

喜宴 Hei Yin

5e

　　在曼谷吃泰菜或西餐，屬正路之選。不過，食得多也許會悶。有沒有想過在外地吃回自家最熟悉的粵菜呢？的確，許多有經驗的大廚都會往外跑，喜宴就邀請了來自香港煮粵菜了得的陳國雄師傅座陣，手本名菜燒腩仔、荔枝木烤北京片皮鴨（一鴨兩食／三食）和油泡筍殼魚都是店家推介。

　　朋友夠多的話，不妨點多一份荔枝木烤脆皮乳豬全體，真正大滿足！店家午市有點心提供，飲茶或小菜均可。

INFO

地址：3/F, Gaysorn Village
電話：080-964-5423
營業時間：11am-3pm；6pm-10pm
網頁：www.heiyinbangkok.com

Siam

Chitlom

Ploenchit

Asok

Phrom Phong

Thong Lor

Ekkamai

Udom Suk

Victory Monument

水門街

🚗🚌 BTS Chitlom站9號出口經Gaysorn Village，沿Ratchaprasong Walk天橋走，過了Arnoma Hotel及Big C，再直行到十字路口，便是水門街。

凌晨2am，當Central World和Big C那邊廂已一片死寂，幸而水門街有數間開至很夜的店鋪，所以仍然燈火通明。若你和我一樣是海南雞飯迷，一定會在此得到滿足。另外水門街區大部分商場如Platinum Fashion Mall，都是時裝批發及零售集中地。

八個你可能不知的小貼士 ///

Platinum Fashion Mall Shopping

MAP 2-2/B1

06

在泰國曼谷，最受新加坡和馬來西亞遊客歡迎的就是位於水門街的Platinum Fashion Mall，部份新馬遊客更希望住在水門街之內方便購物；此外，很多香港遊客尤其是女士們，都喜歡來這裡購物，原因是這裡主要做成衣批發，所謂成衣批發就是你買一打或3件就可以便宜一點，只買一件都可以。

其實類似的時裝批發市場在水門街舉目皆是，同類型的商場也有很多個，但做得最有聲有色和最受歡迎的都可説是Platinum Fashion Mall，Platinum Fashion Mall並不是一個新商場，只不過如果你不是經常來的話，以下八個小貼士不知道你又知不知道。

Siam

Chitlom

Ploenchit

Asok

PhromPhong

ThongLor

Ekkamai

Udom Suk

Victory Monument

1 Fashion Mall有兩座——新翼和舊翼，舊翼在Armani酒店對面，而新翼就在舊翼旁，即是Central World後面，兩翼中地方較大和較多店鋪的是舊翼。

2 原來這個商場上有一間酒店，其實新翼上面已經是Novotel Platinum酒店，酒店有通道可直通商場，住在這間酒店走下去就可以shopping。

3 這兩個shopping mall之中，以舊翼來說其實大多數也是賣女裝，但原來4樓主要賣男裝，有T恤、西裝和一些潮流服飾等，全部都是以批發價發售，當然正如剛才所説買一件都可以。

4 全泰國曼谷最多童裝售賣和價錢最便宜的，就在Platinum Fashion Mall舊翼的5樓，有很多童裝店舖，有些是本地設計，有些是入口，除了一般休閒服裝，也有小朋友的禮服，甚至乎睡衣也有，種類繁多。

5 5樓除了有童裝外，原來都有很多人造手飾，當然不是真金白銀，而是一些適合男女士的頸鏈、戒指等飾物，全部也有批發價，買一打的話，價錢可以更便宜，但當然逐件計都可

6 Fashion Mall裡除了賣fashion外，亦有一些spa產品，就在6樓之上，也是以批發價發售，有不少曼谷其他商店的商人會在這裡買一大批回去重新包裝過，於是又可賣高一點價錢。

7 商場內有皮袋、環保袋、shopping膠袋批發，單買一個也可且種類繁多。

8 很多人買貨後也需要運回家，這裡除了DHL外，亦有很多貨運公司的資料提供，有些還會説中文，如果真的有心去做生意，買很多貨回去賣的話，可以聯絡這些公司，自然就可以和你進行door to door的運輸服務。

Siam

Chitlom

Ploenchit

Asok

PhromPhong

ThongLor

Ekkamai

Udom Suk

Victory Monument

隱蔽在鬧市的銀器市場　**MAP 2-2/C1**

The Palladium Square 07

///

🚗🚌 Novotel Platinum 斜對面。

在水門雞飯對面、Central World附近有一個批發市場叫做Palladium，和其他水門街的批發市場一樣，這裡以成衣店鋪為主，不過地底的一整層以銀器和人造首飾為主，價錢不太貴。如果在Central World走過來，也只是大概10分鐘的路程。

INFO
地址：Phetchaburi Road, Pratunam
電話：02-309 8888　營業時間：10am-8pm
網址：www.palladiumoffice.com

曼谷最高自助餐廳

Baiyoke Balcony 08

///

🚗🚌 BTS Phaya Thai站2號出口轉乘的士約5分鐘，或由Novotel Platinum 徒步約7分鐘。

曼谷的Baiyoke Sky酒店已經有很多年歷史，酒店重新裝修過其中一層，令人耳目一新。81層的Bangkok Balcony與其他餐廳一樣都是吃自助餐，但特別的是它還帶有室外地帶，沒有玻璃，你可以高高在上地欣賞曼谷靚景，風景不俗。自助餐大概600銖一位，室外有set dinner提供，價錢稍貴，因為只有圍欄沒玻璃所以可看的景色也更多。食物質素和款式以如此價錢來說也可以，記住這裡食的是環境！

Google Map

INFO
地址：81/F, Baiyoke Sky Hotel, 222 Ratchaprarop Rd., Ratchathewi,
電話：02-656-3939　營業時間：5pm-11pm
網頁：www.baiyokebuffet.com

大碼時裝
Krungthong Plaza
MAP 2-2/A1 `09`

平日在曼谷街上，見到大部份泰國人都很纖瘦，但事實也有「穿大碼」的泰國朋友。Krungthong Plaza就是專賣超大碼女裝的集散地，有零售，也有批發。話雖超大碼，但目測這些大碼或超大碼女裝，比起香港的大碼都偏小一號，微胖或喜歡著鬆身衫的其實在可以在這裡搵到寶。

商場內有food court，買得累可以去醫肚休息一下喔！

🚗🚕 BTS Chitlom站9號出口經Gaysorn Village，沿Ratchaprasong Walk天橋走，過了Arnoma Hotel及Big C，再直行到十字路口，水門街轉左便是。

INFO
地址：813/8 Phetchaburi Rd, Khwaeng Thanon Phaya Thai
電話：02-653-9333　**營業時間**：8am-6pm
網頁：http://krungthongplaza.com

Siam
Chitlom
Ploenchit
Asok
PhromPhong
ThongLor
Ekkamai
Udom Suk
Victory Monument

Phloen Chit

A · B · C · D

N

Park Hyatt
Bangkok

H Central
Embassy · 01

Wireless Rd.

Soi-Som-Kh...

Soi-Nai-Lert

1

出4

BTS Sukhumvit線

出1

Phloen Chit (E2)

出3

出5

Okura **H** · 02

出2

出4

Novotel
Phloenchit

H

2

...nico
...ouse

Center Point
Grande Phloenchit **H**

04

Plaza Atheena **H**

Soi-Wireless-1

05

3

Soi-Ton-Son

Soi-Ruam-Ruedi

Soi-1

Soi-Ruam
Ruedi 2

4

Wireless Rd.

03

Ruam
Ruedi
Tower

Soi-3

5

Map 3-1
Phloen Chit

Siam
Chitlom
Ploenchit
Asok
PhromPhong
ThongLor
Ekkamai
Udom Suk
Victory Monument

~ Central Embassy ~

Central又一大商場　MAP 3-1/B1　01
Central Embassy

BTS Phloenchit站5號出口天橋直達商場。

作為泰國最大的百貨商場集團Central百貨旗下的Central Embassy，在BTS Phloenchit站，與另一個Central集團的商場Central Chit Lom相鄰，形成了Central World、Central Chidlom、Central Embassy三位一體的超級大商圈。商場樓上是六星級超豪華酒店柏悅，吸引不少人到商場購物。而餐廳則是以泰國Boutique式餐廳為主，有情調有gimmick，走中上路線。

如果想體驗異國美食也有很多選擇，像是第一間登陸泰國的日本一風堂拉麵、法式甜品Paul，有名的建興seafood等等，任君選擇。更有趣的是他們的超市，只賣Made in Thailand商品，有食品、手信以及有機護膚品，全是有質素的泰國產品。

INFO

地址：1031 Phloenchit Road, Pathuwan
電話：02-119-7777
營業時間：10am-10pm
網頁：www.centralembassy.com

~ *Central Embassy* ~

Made in Thailand的食與買

Eathai 　1a

商場地下分兩部分，一是類似超級市場的購物地帶，全是賣泰國本地貨，如食品、商品及日用品等等；另一部分則是分為4個區的food court，有泰國中部、南部、北部和東北部的食物，除按地段劃分食物，也有檔口賣齋菜和海鮮，各種食物都有。

在一個五星級商場的food court食飯，賣的是服務，當然會比一般food court貴。入場後會派給你一張面值1,000銖的卡，購物時可直接扣數。當你落了order後，只要交低你手中的飛，服務員會把食物送到你面前。

INFO
地址：LG/F
電話：02-119-7777 內線2101

新派泰菜 　1b

INKA

INKA聽來有點陌生，但背後營運的其實就是大家熟悉的泰菜名店NARA，餐廳大刀闊斧「傳統泰Style」從店家的裝修中省略，換上新潮的西式裝潢。菜式方面，亦把傳統泰菜改良一下，味道和擺碟都以全新面目示人。

INFO
地址：5/F　時間：11am-10pm
電話：02-160-5989
網頁：IG: inka.bkk

3-3

~ *Central Embassy* ~

全新文青地

Open House

1c

Central Embassy 的6/F，最近裝修完成，這個新區域名為Open House。內裡的裝修採用簡約風，樓底差不多有兩層樓高，除了共14間open sapce 的餐廳及cafe外，還有藏書量達2萬幾本的書店，大家可以隨手拎上翻看。

最有趣的是這裡有一個Open Playground，小朋友可以免費在這個大山坡上跑玩跳追，現場更有專人看顧小孩，家長們可以放心。

若你想舒適地度過一個寧靜的下午，或變成文青女神，不妨來Embassy 6/F跑一趟！

INFO
地址：6/F
電話：02-119-7777
營業時間：10am-8pm
網頁：www.centralembassy.com/anchor/openhouse

~ *Central Embassy* ~

Siam

Chittom

Ploenchit

Asok

PhromPhong

ThongLor

Ekkamai

Udom Suk

Victory Monument

1d

空中沙灘

Siwilai City Club

聽到名字以為會員only，但其實普通人都可以進入。這裡分開數個地帶，有私家地帶、快餐地帶、食fine dining地帶、飲酒談天的地帶，而且也有分為室內、室外的地帶。

室外地帶是以沙灘為主題，而且每星期定時會有露天電影院送上，或者有歌手現場表演；若你怕熱，可以到室內冷氣地帶，有供應飲料和食物。

如想找一些另類的天台餐廳，可以考慮這裡，且消費都不算貴。

INFO
地址：5/F, Central Embassy
電話：02-160-5631
營業時間：11am-12mn
網頁：www.facebook.com/siwilaicityclub
收費：主菜700銖左右/位；小吃輕食400銖左右/位

皮革精品

Labrador `1e`

泰國越來越多精品小店是用皮革來製造，如鑰匙扣、筆記簿及卡片套等等，這間都算是表表者，在曼谷暫時只得3間分店，這間的貨品尚算齊全，而且久不久也有新款推出，除了一些精品外，還有大型皮袋也有發售。

INFO
地址：3/F
網頁：www.labradorfactory.net

可能是曼谷最高級的Spa treatment店 `1f`

Dii Wellness Med Spa

Dii Wellness是Divana旗下的一間分店，就在Central Embassy內，是唯一一間Spa店，十分有份量且走高檔路線。

Dii Wellness還有一個獨家療程「Empress of the Sea」，療程時間5小時，從頭到腳也幫你美容、按摩和護理，叫得做「Empress of the Sea」價錢自不會便宜，要22,500泰銖。

此外，亦有Anti-aging，Rejuvenate，Detoxify等不同Treatment，基本上是一間美容院多過Spa。

INFO
地址：4/F
電話：02-160-5850
營業時間：10am-11pm
網頁：www.dii-divana.com

英式紳士理髮店

Truefitt & Hill `1g`

　　剛進駐曼谷及來自英國的Truefitt & Hill理髮店，它是健力氏紀錄裡最老牌理髮店的代表，在1805年時，這間理髮店專為鍾愛英國紳士形象的人提供造型服務。

　　店舖的負責人說，曼谷分店在設計方面傳承了英國總店的設計理念，但也加進部分本地色彩。客人無論是甚麼年齡和甚麼信仰都好，最重要是有與生俱來的男子氣概，這點他們可以幫到你。

INFO
地址：4/F
電話：098-363-6146
營業時間：10:30am-8pm
網頁：www.truefittandhillthailand.com/contact/#embassy-place

著名泰國女藝人經營的指甲店

20 Nails `1h`

　　這間手甲店的老闆是泰國著名的女藝人，他們的分店開了很多間，這間算是旗艦店，主要做指甲護理，價錢約1,000-3,800銖不等，可將不同種類的卡通公仔等創意藝術置於指甲上，説得上是有規模的指甲護理店。

INFO
地址：4/F
電話：02-573-7172
營業時間：10:30am-9pm
網頁：www.facebook.com/20nailstudio/

Siam

Chitom

Ploenchit

Asok

PhromPhong

ThongLor

Ekkamai

Udom Suk

Victory Monument

茶飯不思
Cha Tra Mue

1i

早幾年想飲手調泰式奶茶，真的要來泰國才可以喝到；如今香港也有六間分店，想飲都隨時有。不過始終物離鄉貴，在曼谷原地喝奶茶，價錢平一點之餘，也是喝回那份風味。

INFO
地址：4/F
電話：02-673-2360
網頁：www.centralembassy.com/store/chatramue/

最愛金雞
Kaithong Original

1j

香港的朋友常稱這間泰菜餐廳為「金雞餐廳」，如今已由昔日一間小店變成4間分店的米芝蓮推介餐廳，著名的香蒜胡椒炒豬肝更是他們的招牌菜。第二代主理人 Khun Nu-Saengarun Montriwat亦已經開始接手，並將新潮的概念注入餐廳，Central Embassy就是最新的分店。

裝修全白，用上許多弧線修飾，感覺像一艘太空船。吃的東西卻保留傳統，依舊美味，但同時間推出另一甜品部「The Dessert by Kaitong Original」，主打刨冰，口味有近12款之多，總有一款合你心意。

INFO
地址：3/F
電話：02-160-5865
網頁：www.centralembassy.com/store/kaithong-original

夢遊仙境

SRETSIS Parlour

1k

//

　愛麗斯夢遊仙境是許多女生的fancy fairytale，其相關衍生的產品也是女生爭相搜羅的精品。Central Embassy這裡有一家專售愛麗斯夢遊仙境精品的店舖，產品由枱布、咕臣、茶杯及瓷碟都有。舖面不大，但勝在貨品精美，其他地方也找不到的。

INFO
地址：2/F
電話：02-160-5875
營業時間:10am-10pm
網頁：https://sretsis.com

我要真建興

Somboon Seafood

1I

//

　建興酒家在泰國有很多分店，較新的店舖除了在Siam Square裡的一間外，還有在Central Embassy的這間，裡面提供的食物及價錢跟其他分店都一樣，這間特色是交通方便，乘BTS去到Phloenchit站一落車入到商場內便找到，環境優雅，兼且這間店人流較少，如想光顧Somboon Seafood又不想太多人要等位的話，可來這間分店。

INFO
地址：5/F
電話：02-160-5965
營業時間：11am-10pm (L.O. 9pm)
網頁：www.centralembassy.com/store/somboonseafoodt

Siam
Chitlom
Ploenchit
Asok
PhromPhong
ThongLor
Ekkamai
Udom Suk
Victory Monument

Siam
Chitlom
Ploenchit
Asok
Phrom Phong
Thong Lor
Ekkamai
Udom Suk
Victory Monument

日本五星酒店下做竹筒按摩 **MAP 3-1/C2**

The Okura Prestige 02

🚗🚌 BTS Phloenchit站2號出口旁有通道。

The Okura Prestige 的位置在BTS站有天橋連接一間名為Park Ventures的商業大廈，而地下則是一個通往酒店的入口。

Lobby 在24樓，同層有景色也不錯的露天餐廳和人氣高的日本品牌Yamazato山里餐廳，是它第一次來到泰國，吃的是正宗日本菜。

INFO
地址：57 Wireless Road, Lumpini, Pathumwan
電話：02-687-9000
網頁：www.okura-nikko.com/thailand/bangkok/the-okura-prestige-bangkok

非典型法國餐廳 **MAP 3-1/C4** 03

Lyon French Cuisine

🚗🚌 BTS Phloenchit站6號出口，行至Novotel Phloen Chit酒店旁的 Soi Ruam Rudee，再直行約8分鐘，All Season Place 對面。

Lyon French Cuisine客人以當地泰人為主，皇室成員親身到來光顧之餘，連王子也曾邀此店大廚入皇宮煮法國菜，來頭一點也不簡單，更不簡單的是Lyon French Cuisine已連續九年榮獲全曼谷最佳法國菜大獎。除了正宗法國菜外，更具備只此一家的非典型法菜，如煮牛肚、煎豬腦、牛仔腰及兔肉等，別處難尋。

INFO
地址：63/3 Soi Ruam Ruedi, Khwaeng Lumphini
電話：02-253-8141
營業時間：11:30am-2pm；6:30pm-10pm
網頁：www.facebook.com/lyonfrenchcuisinebkk

Siam

Chitom

Ploenchit

Asok

PhromPhong

ThongLor

Ekkamai

Udom Suk

Victory Monument

第一間天台Spa **MAP 3-1/B2** `04`

RarinJinda Wellness Spa Resort

🚗 BTS Phloenchit站5號出口，經行人天橋過對面馬路，落到地面，面向馬路往右行。

RarinJinda 在 Spa 界享負盛名，有如勞斯萊斯級的地位。在泰國的清邁和 Four Season 酒店旁的 Grande Centre Point 酒店裡都有分店，而這間旗艦店是3間 RarinJinda 中最大的一間，裡面猶如迷宮一樣，他們將首層全層打通用來做 Spa房，而上層有半層亦做了Spa地方，進去後就像迷宮一般，又上又落，有部分是房間，有部分是客廳，亦有部分是售賣產品的地方。

INFO
地址：30/F, Grande Centre Point Phloenchit Hotel 100 Wireless Road
電話：02-651-5225
營業時間：10am-12mn
網頁：www.rarinjinda.com/spa

曼谷六房美麗小屋 **MAP 3-1/C3**

BHAWA Spa `05`

🚗 在Okura酒店正門面向馬路向左行過了Plaza Athenee酒店再前行見巷直入。

曼谷剛剛在 Phloenchit BTS 站近 Plaza Athenee 酒店的小巷內開了間小型Spa，這間 Spa 由住宅小屋改建而成，分為3層，總共6間房，每間房面積很大。

Treatment 價錢由2,000銖2小時至6,000銖3小時不等；而且不是一般推油，而是會採用一些蜜糖、骨膠原和泰式香料來做，可以説是一般 Spa 以外的選擇。

INFO
地址：83/27 Witthayu Road, Lumpini
電話：02-252-7988
營業時間：10am-11pm（last booking 9pm）
網址：www.bhawaspa.com

Map 4-1
Asok

N

A   B   C   D

1

2

3

4

5

09
05
04

H Le Fenix

Soi Sukhumvit 13
Soi Sukhumvit 11

Ambassdor H

Asoke Rd

MRT 地鐵

出1
出3
出2
Nana (E3)
出4
Sukhumvit Road

Soi Sukhumvit 8

Manhattan H
Sofitel H

Soi Sukhumvit 15

H Dream BKK

06

Soi 21/1

07

Soi 21/2

08

Pullman H

Soi Prom Suk

Soi Sukhumvit 19
Soi Sukhumvit 17

出1

Sukhumvit

Soi Sukhumvit 10
Soi Sukhumvit 12

03

Soi Sukhumvit 14

出1
Asok (E4)
H
出2

Sheraton Grande

01

出3

10
出4

出2
出6

11

Soi 23
Soi 25
Soi 29
Soi Sukhumvit 31

BTS Sukhumvit 線

MRT 地鐵

Soi Sukhumvit 18
Soi Sukhumvit 20

Windsor Suites H

12

Royal Parkview H

Siam

Chitlom

Ploenchit

Asok

PhromPhong

ThongLor

Ekkamai

Udom Suk

Victory Monument

BTS旁最新機場式大商場

Terminal 21 `01`
Map 4-1/C3

///

BTS Asok站1號及3號出口直達

　　整個商場的構思和設計都有點像曼谷國際機場，所以這個商場就叫Terminal 21。但要留意，每層是以商品來作分類，而不是出口地方，故日本的幪面超人tee是在London的那層。

　　值得一提的是，每層的設計和保安著的制服都與該地方主題有關，甚至廁所，故不少當地人及外國人都會在這裡的廁所影相留念。

INFO
地址：3/F, 3067　電話：097-328-9184
營業時間：10am -10pm
網頁：www.terminal21.co.th/asok/

東山再起
Mango Tango

1a

昔日在Siam Square賣過滿堂紅的芒果甜品店，在疫情期間大受打擊，分店不斷結業，最後只剩下Siam Square的總店。如今總算捱得過，重整旗鼓之後，在Terminal 21地庫再次開設分店！

INFO
地址：LG/F　　　　電話：64-181-6503
營業時間：10am-10pm
網頁：IG: mangotangothailand

牛氣沖天
Chor Ma Lee Bistro

1b

INFO
地址：5/F
營業時間：11am-10pm

在Terminal 21最近新開了一家牛肉店，從店面前的sample看，初初還以為是普通的豬手飯店，原來他們主打的竟然是炖牛腿肉/牛筋/牛腩，味道比豬肉香濃之餘，口感更比豬手佳。最醒胃的當然是店家的獨門醬汁，香濃之餘，更帶點甘香。牛腿大大隻，份量頗大，要量力而為喔！

至於店家竟然用溏心鴨蛋作為配菜，我們也百思不得其解，我就少吃，同行的泰國朋友卻大啖大啖送進口中，確實是百貨賣百客。

Siam

Chitlom

Ploenchit

ASOK

PhromPhong

ThongLor

Ekkamai

Udom Suk

Victory Monument

Siam | Chitlom | Ploenchit | **Asok** | PhromPhong | ThongLor | Ekkamai | Udom Suk | Victory Monument

按摩完返上房瞓大覺

Let's Relax 1c

商場6樓有香港人很熟悉的Let's Relax Spa，這間是同名Spa中佔地最大的一間分店，分了15間Treatment房。這裡還提供一些熱石按摩、腳部按摩、手部按摩和泰式按摩等。Spa在晚上12時關門，Centre Point酒店人客在此時可通過特別通道往Grand，十分方便。

因為此店極多人book，故店方只接受網上預訂，walk-in或電話預定均不受理。

INFO 地址：6/F　電話：02-108-0555
營業時間：10am-12mn
網頁：letsrelaxspa.com/branch/terminal-21

28鉄起一碟飯的Food court

Pier 21 1d

Food court佔地大，環境優雅，食物選擇很多，包括泰中美日及各式甜品等，價錢相宜，40鉄起就有交易，可能是全曼谷最平的一個Food court。當然，一分錢一分貨，不要指望份量很大，以海南雞飯為例，份量適合不太大食的朋友。

特別要介紹這裡的代金卡，這間的代金卡可用足三個月，暫時來說全曼谷只有這裡有如此服務。

INFO 地址：5/F
電話：02-108 0888
營業時間：10am-10pm
網頁：www.terminal21.co.th

~ Terminal 21 ~

百吃不厭

Savoey Seafood

1e

不用多講，Savoey Seafood 的泰菜，價錢合理，店舖又就腳，味道更是水準之上，一個旅程吃兩次不足為奇。招牌菜燒大河蝦、原條青檸鱸魚和咖喱蟹更是百吃不厭。

INFO
地址：5/F
電話：064-017-0237
營業時間：HHam-HHpm
網頁：www.savoey.co.th/terminal-21-asok

東南亞最大五星級醫院

Bumrungrad International

02

🚗🚌 BTS Nana站1號出口，面向馬路轉右直走，到Soi 3再轉入；建議轉乘的士。

Bumrungrad International（康民醫院）是東南亞最大的私家醫院，康民醫院最大特色，是私家房特別多，乾淨衛生。

地下及2樓更有多間餐廳、咖啡廳、快餐店、書店、花店、精品禮物店、服裝店、化妝品店、理髮廳、健身室、旅行社，衣食住行應有盡有。

Google Map

INFO
地址：33 Sukhumvit Soi 3 Khlong Toei Nuea, Wattana
電話：02-066-8888；急症室 02-011-5222
營業時間：24小時
網頁：www.bumrungrad.com

Siam
Chidom
Ploenchit
Asok
PhromPhong
ThongLor
Ekkamai
Udom Suk
Victory Monument

放鬆之旅

Diora LUXE Sukhumvit

Map 4-1/B3

03

🚗🚌 BTS Nana站1號出口徒步約7分鐘

Diora Spa各店的裝修，走日式的清新簡約風格，疫情前在曼谷已有幾間分店，頗具知名度的。不過疫情來襲，個別分店就要休業。如今大家都復常，昔日的分店重開之餘，也有新店加入——Diora LUXE Sukhumvit的前身是Ministry of Sound的娛樂場，如今變成令人身心放鬆的好地方。

新店依隨總店走比較中階的路線，甚至可謂比較再高級一點，有三床按摩房之餘，更有三床的spa treament房，方便夫妻或三位好姊妹同房享受。最重要的是，新店距離Asoke BTS站只是5分鐘腳程，十分就腳。

INFO

地址：4 Soi Sukhumvit 12, Klong Toei
營業時間：10am-11pm

電話：02-042-2929
網頁：https://dioraworld.com/location/sukhumvit

全新最大間 **Map 4-1/A1** `04`

Divana Nurture Spa

//

BTS Nana站1號出口轉乘的士約7分鐘

　　泰國曼谷Spa品牌Divana一向走高檔風格，自開業至今已有多間分店。Nurture Spa儘管位置有點遠離BTS站，但該店會安排duk-duk於Terminal 21和Phloen Chit等地

方接送乘客。而旗艦店的房間數量亦比其他分店多，房間內更設有兩個大型的蓮花浴缸讓你浸浴。

INFO
地址：771 Sukhumvit 11, North Klongtoey, Wattana
電話：02-651-2916
營業時間：11am-11pm；星期六日10am開始（最後預訂時間8pm）
網頁：www.divanaspa.com/NurtureSpa

....

無敵靚廁秘魯菜 **Map 4-1/B1**

Above Eleven `05`

//

BTS Nana站1號出口徒步約7分鐘

　　餐廳位於34樓，進入餐廳的位置較隱蔽，在Service Apartment的後門旁邊。門口具田園色彩，鋪滿人造草，令你如置身花園一樣。跟一般露天餐廳不同，它旁邊圍的是強化玻璃和不太顯眼的窗框，乍眼看過去以為是無遮擋的視線。價錢相宜，環境有特色，還有DJ打碟。

INFO
地址：33/F, Fraser Suites Sukhumvit, Sukhumvit Road, Soi 11
電話：02-038-5111
營業時間：6pm-2am
網頁：www.aboveeleven.com

最方便的大型按摩中心 **Map 4-1/C2**

Health Land 06

BTS Asok站3號出口,沿Sukhumvit 21 Rd大馬路步行約6分鐘,在魚翅店路口左轉,在Fusion Suite Hotel對面。

說到最受泰人歡迎的Spa & Massage地方就是 Health Land,地方大價錢相宜,分店越開越多,最新一間就在Fusion Hotel對面,內有 Spa treatment房及超大水力按摩缸,亦有專業醫師替人客作按摩,但要預約。

INFO
地址:55/5 Sukhumvit 21 Rd.(Asoke), Khlongtoeinuea, Wattana
電話:02-261-1110
營業時間:9am-12mn
網頁:www.healthlandspa.com

有意大利菜供應的泰國餐廳 **Map 4-1/C2**

Madam Saranair 07

BTS Asok站3號出口,沿Sukhumvit 21 Rd大馬路步行約6分鐘,在魚翅店路口左轉即見。

在Sukhumvit區Asok BTS站後面的這間泰國餐廳,最搞鬼的是這裡有意大利菜供應。

原因是餐廳老闆在同一條街開了3間舖,這間餐廳命名為「薄荷葉女士」,隔鄰的那間叫「大媽媽」,對面的則是西班牙菜餐廳,所以在這間薄荷葉女士餐廳幫襯的客人,可以order大媽媽的意大利菜,而在大媽媽餐廳也可以order泰國菜,一舉兩得。

菜式價錢不算太貴。午飯時店內座無虛席,附近的白領也愛來這裡開餐用膳。如果遊客們想繁忙時段來食飯,最好先訂位,泰菜餐廳環境好,味道不錯。

INFO
地址:139 Asok Soi 1, Sukhumvit 21, Khiongtoey Nua, Wattana
電話:02-661-7984
營業時間:11am-9:30pm
網頁:www.facebook.com/madam.saranair.bangkok

Siam
Chitom
Ploenchit
Asok
PhromPhong
ThongLor
Ekkamai
Udom Suk
Victory Monument

最舊泰國餐廳　Map 4-1/C2
The Local `08`

🚗 BTS Asok站3號出口轉乘的士約10分鐘。

　　一片空地上有兩間打通了的古舊大屋，用來做泰國菜餐廳，裡面食的並非一般的冬陰功和炸蝦餅這麼簡單，而是一些老派泰菜。菜式的構思由店主引經據典從圖書館裡找回來，將一百年前泰國人所食的菜譜重現眼前，供大家品嘗。

　　裡面也有分幾間不同主題的古典情懷廂房。食物方面有創意，例如冬蔭功雞尾酒、香茅凍茶。新舊交融，如果食厭了一般的泰菜都可來此試試這些古舊泰菜。環境亦值得影相留念。

INFO
地址：32 Soi Sukhumvit 23（Soi Prasarnmit），Klong Toey Nue, Wattana
電話：02-664-0664
營業時間：11:30am-2:30pm；5:30pm-11pm
網頁：www.thelocalthaicuisine.com

神秘古巴風情酒吧　Map 4-1/A1
Havana Social `09`

🚗 BTS Nana站3號出口轉乘的士約5分鐘

　　話說在曼谷 Nana BTS 站旁的一條隱秘小巷裡，有個神秘的地方。門口是個電話亭模樣的地方，每逢夜晚都有人出出入入，但其實是一家酒吧！

　　酒吧以1940年代古巴懷舊風格做主題，除了牆上充滿社會主義味道的革命海報和裝飾，最貼近古巴味道的就是二樓的雪茄吧！Havana Social 逢星期五六日更有現場樂隊演奏！逢星期五六入場費300銖送一杯飲品，平日則不設入場費，逢星期四還有 ladies night。

　　入場有 dresscode，背心短褲拖鞋恕不接待。

INFO
地址：1/1 Sukhumvit Rd. Soi 11　電話：06-1450-3750
營業時間：6pm- 翌晨2am
網頁：www.facebook.com/havanasocialbkk

BTS Asok站旁的簡潔Spa

Urban Retreat Spa 10

Map 4-1/C3

🚗🚌 BTS Asok站4號出口旁。

Urban Retreat Spa有兩間分店，而Asok分店是面積最大和投資最多的一間，店內採用皇宮式設計，卻實而不華。地點就在BTS Asok站4號出口的樓梯旁，十分方便。店的格局走簡單、無Gimmick路線。整間Spa地方很大，可容納60人一起做Treatment。

INFO
地址：348/1 Sukhumvit Road
電話：02-229-4701
營業時間：10am-10pm
網頁：www.urbanretreatspa.net

私房按摩

湯元Spa 11

Map 4-1/D3

🚗🚌 BTS Asok站3號出口，沿Sukhumvit 21 Rd大馬路步行約6分鐘至Soi 31，轉入再行約6分鐘至十字路口。

地方雖細，但私隱度極高，主力玩「私房Onsen」——意思指私家包房。全店只有兩間大房，每房可供一對情侶／夫婦共享溫泉浴及按摩。45分鐘的Private Onsen and Himalayan Salt Sauna情侶二人價都只是2760銖；如果想簡單一點，兩小時的傳統泰式按摩也只是每位1890銖，兩口子自私天地，不受外人打擾，多好！

INFO
地址：29 Soi Sukhumvit 31
電話：02-029-9783
營業時間：10am-10pm
網頁：www.yumotospabangkok.com

Map 4-1/B4 12

曼谷大公園

Benchakitti Forest Park

Siam
Chitom
Ploenchit
Asok
PhromPhong
ThongLor
Ekkamai
Udom Suk
Victory Monument

MRT Queen Sirikit National Convention Centre站徒步5分鐘或Asok站轉乘的士約3分鐘。

　　曼谷市政府終於將這塊前身是泰國煙草公司的廠房大地皮重新修整成公園，讓大眾享用。公園本於2004年開放，本意是慶祝 Queen Sirikit 72歲壽辰，不過由於公園的修整工程進度極慢，第一階段的發展至2016年才告完成；第二及第三階段其實也只是剛剛於2022年完成。

　　公園範圍極大，除了喬木園林外，還有人工濕地；除了消閒觀賞作用外，還是一個用作收集曼谷市雨水的集水系統，減輕大雨期間市內水浸的機會。

　　園區內建有一組全長2公里的發光架空散步道，圍繞在這片濕地之上。無論賞景或打卡都是一流。大量綠油油的草地任坐，放張膠蓆就可以來個簡單野餐。

INFO
地址：Lake Ratchada, Queen Sirikit National Convention Centre
營業時間：4:30pm-9:00pm

Phrom Phong

綠色天台

ABar @ Marriott Marquis Queen's Park

🚇🚕 BTS Phrom Phong站6號徒步約9分鐘。

酒吧大部分是室外位置，室外像花園式清新風格，用餐位置以至調酒吧台的屋頂位置，都擺放了不少綠色植物作裝飾，感覺猶如一個歐陸式的 garden party 一樣。沒有特定的 dress code，不踢人字拖相信不會被拒的。

INFO
地址：199 Sukhumvit Soi 22
電話：02-059-5999 **營業時間**：5pm-1am
網頁：www.abarrooftopbangkok.com

同系出品：
Sirimahannop @ Asiatique

酒店其實已經將其勢力範圍拓展至Asiatique夜市這艘仿古船上。精緻的裝修，臨河用餐，的確極具風味。餐廳分上下層，上層是Open Space，下層是室內用餐區。星期六日一定爆滿，出發前最好預先訂位。

INFO
地址：Asiatique Charoenkrung
　　　　Soi 72-76 , Charoenkrung Road
電話：02-059-5999 **營業時間**：4pm-12m
　　（L.O.：用餐10:30pm；飲品11:30pm）
網頁：www.sirimahannop.com
訂位：restaurant-reservations.bkkqp@
marriotthotels.com

Map 5-2
Phrom Phong

三一曼能商場

EmQuartier `02`

Map 5-2/C2

Siam
Chitlom
Ploenchit
Asok
PhromPhong
ThongLor
Ekkamai
Udom Suk
Victory Monument

🚗🚌 BTS Phrom Phong站1號出口直達。

Emporium集團對Phrom Phong似乎情有獨鍾，由最初的Emporium，發展到現在開設大型旗艦級購物商場EmQuartier。整個商場主要分開兩部分：Waterfall及Helix。Waterfall主打名貴高檔品牌，另設超市及地庫的大眾化food court。至於Helix，則主打飲食消閒。想找吃的，就直接去Helix好了。

Water Garden設於The Helix Quartier 5樓商場外，這種意念在泰國是很新的概念，在傍晚時分更有另一番景象，遊人可欣賞商場以外的景色，流水潺潺，心曠神怡。

Modular Rope Course（只供4-12歲兒童又要身高過100厘米和重量不超過70千克才能玩）。一張票可玩兩次。

Water Garden內還設有個Urban Adventure玩樂地帶，上午11時至下午9時開放，分為兩種玩意，每個玩意都是250銖一位。

INFO
地址：693,695 Sukhumvit Klongton Nua, Wattana
電話：02-269-1000
營業時間：10am-10pm
網頁：www.emquartier.co.th

全新意念4合1

2a

Greyhound cafe EmQuartier

Greyhound的起家是時裝而非餐飲，在曼谷一些商場內既有Greyhound cafe餐廳，也有它的服裝店賣衫。而這家分店是全新4合1概念，它是唯一一間同時有衫賣、有食物、有調酒味的雪糕雪葩和提供外賣服務的Greyhound cafe，後兩者更是第一次出現在它們的餐廳。

INFO
地址：Q2C2
電話：02-003-6660
營業時間：11am-10pm
網頁：www.greyhoundcafe.co.th/branch/emquartier/

泰大旗艦店
Muji Flagship Store

2b

Siam
Chitom
Ploenchit
Asok
PhromPhong
ThongLor
Ekkamai
Udom Suk
Victory Monument

　　曼谷EmQuartier最新開設的旗艦店實在非常大，佔地1,500平方米。全曼谷有三間無印設有Muji Cafe，這裡是最新的一店，除了咖啡甜點外，還有一個Bakery Zone出售預先包裝的西餅麵包。

　　另外較特別的是這裡有提供刺繡服務，凡衣服布袋之類，都可以額外選用刺繡服務，圖案當然是富泰國色彩的啦！

INFO
地址：2/F, Glass Quartier (Building B)
電話：02-258-8990　營業時間：10am-10pm
網頁：www.facebook.com/muji.thailand/

2c

主餐甜品一應俱全
Food hall @ The Glass Quartier

The Glass Quartier 地下 B 層也有一個 Food Hall，人流較少，比較好逛。Food hall 內有很多不同的食店進駐，例如 SWENSENS、Softree、清邁 Dhara Dhevi 和 Au bon pain 等等，從主餐至甜品一應俱全。就連「豪大大雞排」也有設店，英文名為「Hot-Star Large fried Chicken」，經過的朋友不妨試試泰版雞排，看看哪派惹味一點！

INFO
地址：B/F, The Glass Quartier
電話：66-02-2691000
營業時間：10:00am-10:00pm

5樓都當天台
Escape 2d

共分開四部份，The Sail 是半露天的 Causual Bar；ELLIPSE BAR 則有 DJ 打碟助興；THE TENT 就主打雞尾酒及紅白酒；THE TERRACE 就是露天餐廳。

這家酒吧餐廳較多中產的泰國人光顧，所以質素應該有保證。食物價錢不算超級貴，而且也沒有最低消費，飲杯汽水食個 mini burger 都可以算是一餐。

INFO
地址：5/F, Emquartier, the Helix Building
電話：02-003-6000
營業時間：5:00am-12:00mn
網頁：www.escape-bangkok.com

Siam
Chitom
Ploenchit
Asok
PhromPhong
ThongLor
Ekkamai
Udom Suk
Victory Monument

~ EmQuartier ~

泰精緻家品
Another Story 2e

位於 Water Garden 的4樓，主要出售本地和外國的精品設計師設計的精品產品，有點像香港 Loft 的模式。

INFO
地址：4/F
電話：02-003-6660
營業時間：10am-9pm
網頁：www.facebook.com/AnotherStoryOfficial

又一小店上大場 2f
金雞餐廳 Luk Kai Thong

本身在 Muangthon Thani 有間總店，在 Siam Paragon 有間小店，最新的就在 Em Quartier 的商場中有間較大的餐廳，所吃的是住家式的中泰菜。

這間餐廳的老闆娘自小就很愛煮，煮到很多人都光顧她，於是就開了間餐廳，之後還嘗試在香港發展，連兒子也在香港幫她，所以便越做越出名。

INFO
地址：Q6A-6, 6/F
電話：02-003-6301
營業時間：10am-10pm
網頁：www.lukkaithong.com

Siam
Chittom
Ploenchit
Asok
PhromPhong
ThongLor
Ekkamai
Udom Suk
Victory Monument

~ EmQuartier ~

香港也有分店的特色泰菜

Nara

 2g

曼谷Em Quartier商場內，座位分了兩邊，一邊是在行人通道旁，可以坐近欄邊欣賞商場裡面的流水瀑布；另一邊就在餐廳內。而每個座位上都有一個按鈕，要叫服務生按一下按鈕就可以。餐廳在食品和服務方面都不斷改良。

這餐廳更有他們出品的冬蔭功味果仁、榴槤味蛋卷、泰式青咖喱味花生等。食物方面經常有很多具創意的食品。

INFO
地址：Q7A-15, 7/F
電話：02-003-6258
營業時間：11am-10pm
網頁：www.naracuisine.com

可愛小狐狸

Cafe Kitsune

2h

招牌大大隻字寫明Paris，但其實是法國和日本的合作店家——Maison Kitsune。由這隻小狐狸擔任其吉祥物，也算稱職，因為店家形象相當跳脫活潑，這邊賣時裝，那邊又賣生活精品。用色較簡約，主路走黑白灰和卡其，低調得來又有性格。新店分兩部份，一邊是飲食，環境舒適，飲品也可口；另一邊是時裝精品零售，價錢中上，但質料頗好，對得起這個價錢。

INFO
地址：G/F
電話：02-003-6167
營業時間：10:00am-8:30pm
網頁：https://maisonkitsune.com/mk/find-a-store/cafe-kitsune-bangkok

~ Emporium ~

Phrom Phong 區大型百貨公司

Emporium `03`

/////////////////// **Map 5-2/C3**

🚗🚌 BTS Phrom Phong站2號出口直達。

經重新裝修後的Emporium，感覺上耳目一新。商場部分除了仍然有一些國際品牌外，亦多了一些食肆，如BENZ汽車的cafe，以及新開的Anotherhound餐廳，這家Anotherhound比Greyhound更 加up-grade。

INFO
地址：622 Sukhumvit Road, Klongton
營業時間：10am-10pm

唯一無二的*Afternoon tea*

Anotherhound `3a`

//

這裡有Afternoon tea set供應，時間是每日下午2pm-5pm，價錢由750銖起。所食和一般酒店的普通Afternoon tea set不一樣，他們的糕點主要是來自Anotherhound的特色食物，尤其當中有一款是只有茶set才有，就是他們的迷你黑色漢堡包，中間有蟹肉，十分滋味。另外，港人很喜歡的單骨雞翼也提供在茶點內，不過它的做法不同Greyhound，是用蜜糖加蒜特製，味道很特別。

記住，下午茶只有Emporium的Anotherhound cafe才有。

INFO
地址：1/F
電話：02-664-8663
營業時間：11am-10pm
網頁：www.anotherhoundcafe.com

Siam

Chitlom

Ploenchit

Asok

PhromPhong

ThongLor

Ekkamai

Udom Suk

Victory Monument

*Gluten Free*意大利齋餐廳　　　**Map 5-2/B2** `04`

Govinda Italian Restaurant & Pizzeria

🚗🚌 BTS Phrom Phong站6號出口徒步約7分鐘。

老闆是意大利人，由於自細很喜歡小動物，不忍心殺生，故餐廳命名為象神，正是覺得喜歡象神的人也和店主一樣不會傷害小動物。餐廳所食的清一色是齋類，但並不是傳統的齋菜，例如店內有炸豬扒、雞、pizza等等，這些都不是真材實料，是用Gluten Free及其他天然素食材做成素菜，色香味俱全，最重要的是價錢不貴。若你是食齋或需要Gluten Free餐食的朋友，不妨試試。

INFO
地址：6/5-6 Sukhumvit Soi 22, Sukhumvit Rd., Opposite Holiday Inn Hotel, Klongtoey
電話：02-663-4970
營業時間：12nn-2:30pm；6pm-10:30pm（逢周二休息）
網頁：http://govindarestaurantbkk.com

意泰式*Spa*　**Map 5-2/C3** `05`

Center Point Boutique Spa

🚗🚌 BTS Phrom Phong站4號出口，轉入Soi 24，徒步約3分鐘。

位於Phrom Phong的Center Point在Emporium的Soi 24街口，很近BTS站。雖然是泰式按摩及Spa店，但全店裝修走意大利式設計，令你有如置身於歐洲，每個擺設和裝修都花了不少心思。從地下的腳底按摩房，至樓上的泰式按摩房，甚至四、五樓的Spa房。

Treatment部分保留泰式草藥球、香薰精油按摩等，但價錢卻不昂貴，可說是意式感覺，泰式服務及價錢。

INFO
地址：2/16 Soi Sukhumvit 24, Sukhumvit Road
電話：02-663-6696
營業時間：10am-12mn（last booking 10:45pm）
網頁：www.centerpointmassage.com

一解思鄉

Map 5-2/C5 | 06

Golden Bowl 金飯館

🚗🚌 BTS Phrom Phong站3號出口轉乘的士約5分鐘。

人在異鄉，即使當地的食物何等美味，三不五時都會記掛著自家的食物。居泰多年，我也不時會想起香港的燒鵝飯和凍檸茶，雖則曼谷都有好幾間餐廳主打香港美食，但總是做不到當中的神髓。

K Village 的 金飯碗，卻做到香港燒鵝皮脆肉滑的味道，其港式凍檸茶更是十分對版；除此之外，還是港式粥粉麵飯和中式點心。

對於居泰的港人，簡直是一解思鄉之愁。

INFO
地址：A215, 2/F, K Village, Sukhumvit 26
電話：02-661-3888
營業時間：11am-10pm
網頁：https://kvillagebkk.com/portfolio-items/golden-bowl/

Siam

Chitlom

Ploenchit

Asok

PhromPhong

ThongLor

Ekkamai

Udom Suk

Victory Monument

一日式溫泉 **Map 5-2/B5** `07`

Yunomori Onsen Spa

🚗🚕 BTS Phrom Phong站3號出口轉乘的士約5分鐘。

在Sukhumvit Soi 26, K village對面有一個名為A Square的泰國第一間日式溫泉兼Spa，溫泉分男、女兩邊，進入時要跟足日本人的風俗，先要脫掉所有衣服，然後坐在一旁洗澡淋浴，才能泡溫泉，還設有和服及毛巾供客人使用。樓上有數間設獨立淋浴間的Spa房，環境大而清雅，價錢卻不貴，三百多銖做一次按摩。

溫泉的顧客有半數以上是當地的日本人，故店內會播日式音樂或日本電台，猶如置身日本。

INFO
地址：A-Square 120/5 Soi Sukhumvit 26, Klongtoey
電話：02-259-5778
營業時間：9am-12mn
價錢：溫泉入場費為450銖/位，15歲以下、65歲以上250銖/位
網頁：www.yunomorionsen.com

興波作浪 **Map 5-2/B5** `08`

Flow House

店家造了一個玩浪的地方，在裡面你可以享受衝浪和玩浪的樂趣，不會的話有專人去教你，無論服裝設備意義齊全。更重要的是你不會游泳也不要緊，可以嘗試較為低難度的；如果你有這方面的經驗不妨去挑戰刺激的。

這種玩意的好處是不用山長水遠去海灘，亦不需要擔心其他如天氣問題，放心玩便是。

🚗🚕 BTS Phrom Phong站3號出口轉乘的士約5分鐘。

INFO
地址：A-Square, 120/1 Sukhumvit 26, Klongton
電話：02-108-5210
營業時間：11am-9pm
網頁：www.flowhousebangkok.com

Google Map

沖新出發

Siam
Chitom
Ploenchit
Asok
PhromPhong
ThongLor
Ekkamai
Udom Suk
Victory Monument

Nhong Rim Klong
01

🚗🚌 BTS Thong Lor站3號出口轉乘的士約5分鐘。

《沖遊泰國4》在2018年左右介紹過它，當年在Thong Lor旁邊的一條「河」的旁邊開露天檔，以手拆蟹肉蝦肉入饌，十級足料，又平又抵食，久而久之成為人氣餐廳。

但其用食環境實在是惡劣得很，疫情期間再訪時就已經拆了檔，本以為無以為繼，誰不知最近就在原址斜對面的舊樓重開，環境連環升級之餘，還得到米芝蓮指南推介，但價錢卻原地踏步，認真抵食。

INFO
地址：
51 Ekkamai 213 Alley, Khlong Tan Nuea, Bangkok
電話：086-044-9478
營業時間：8:30am-4:30pm（星期日休息）
網頁：www.facebook.com/nongrimkhlong

A **B** **C** **D**

1

1.	Nhong Rim Klong	6-1
2.	Broccoli Revolution	6-3
3.	Mae Varee	6-3
4.	Octave Rooftop Bar	6-4
5.	梅之花Umenohana	6-5
6.	Treasure Spa	6-6
7.	Divana Divine Spa	6-6
8.	Hoi Tod Chaw Lae	6-7
9.	Bar Thewada	6-7
10.	Tichuca rooftop bar	6-8

Soi 25
Soi 23
Soi 21
06
Soi 19
07
Soi 17
Soi 1
J Avenue
Soi 15
05
Soi Sukhumvit 49/4
Soi 13
Soi Phrom Mit
Soi 11
Soi Charoen Suk

2
Soi Sukhumvit 39
Soi 9
Soi 8
Soi 7
出3
E5
Soi Sukhumvit 41
Thong Lo 17
Soi Sukhumvit 43
34

3
Soi Sukhumvit 45
Soi 5
Sukhumvit Road
Soi Sukhumvit 47
Soi 4
Soi Sukhumvit 49
Soi 3
Soi Sukhumvit 28
02
Soi Sukhumvit 51
Soi 1
Soi Sukhumvit 30
Soi 2
Sukhumvit Road
Soi Sukhumvit 30/1
Soi Sukhumvit 53
26

4
Soi Sukhumvit 34
出1
08
Soi Sukhumvit 55
03
Soi Sukhumvit 34
出2
Thong Lo (E6)
04
Soi Sukhumvit 57
Soi Sukhumvit 59
出4
Sukhumvit Road
Soi Sukhumvit 61

N
Soi Sukhumvit 36
10
BTS Sukhumvit

5
Map 6-2
Thong Lor

曼谷型爆齋店
Broccoli Revolution

Map 6-2/B4 02

BTS Thong Lor站1號出口徒步約4分鐘。

　　齋店所賣的齋菜都標榜 no fat、no egg 等，organic 之餘當然是沒有肉類。裝修陳設相當有型、綠化，裡面放了很多植物，分樓上樓下兩層。餐廳提供的齋菜主要有四類，有泰式、緬甸式、西式及越南式，所以也頗受一些區內的中產人士及外國人歡迎。價錢方面，最貴的食物也不過270銖。

　　如果你對齋菜有點研究，又喜歡吃健康食品，可以來這裡一試，環境和食物絕對不草根，價錢則比草根高一點點。

INFO
地址：899 Sukhumvit Road, Klong-Nua, Vaddhana
電話：02-662-5001、095-251-9799
營業時間：9am-10pm（星期六及日開7am）
網頁：www.facebook.com/broccolirevolution

蘇絲黃推介芒果糯米飯
Mae Varee

03

Map 6-2/C4

BTS Thong Lor站3號出口，面向馬路轉左，在轉角位附近。

　　芒果糯米飯 Mae Varee 不用介紹也知是蘇絲黃大力推介，傳媒一傳一，卻把阿蘇介紹的資料傳錯。在這裡姑且大膽地更正少許資料：其實此店是有三十多年歷史的生果店，順便賣芒果糯米飯，此店所賣的芒果有3種：

1.「橋掃妹」的青BB芒果，泰人喜歡爽口地點糖食。

2.「腩毒賣」是最常見亦是最大的芒果，長年有售，一盒盒包好的，入面所用的芒果便是「腩毒賣」。

3.「喔nong」較細但最甜，只在11月至2月才有。

INFO
地址：1 Soi Thong lor, Sukhumvit 55 Road
電話：02-392-4804
時間：6am-11pm，星期日營業至9pm
網頁：www.maevaree.com

Siam

Chittom

Ploenchit

Asok

PhromPhong

ThongLor

Ekkamai

Udom Suk

Victory Monument

Thong Lor區天台餐廳 **Map 6-2/C4** 04

Octave Rooftop Bar & Lounge

🚗🚌 BTS Thong Lor站3號出口徒步約2分鐘。

Thong Lor區天台餐廳 Octave Rooftop Bar & Lounge 全亞洲第一間走新潮年輕路線的Marriott剛剛在曼谷開業，取名為Bangkok Marriott Sukhumvit。與一般的Marriott不同，除了裝修陳設、布置年輕化和新潮外，最特別的是它擁有一間天台餐廳，而且是一間3層高的天台餐廳。

餐廳的第三層好似我們熟悉的Silom路某天台餐廳，有發光的圓形酒吧圍著，大家可以品著美酒曬月光看星星。酒店樓層不多，但在Thong Lor區已經算高，天台餐廳從41樓起，踏出電梯，Thong Lor區的Top shop靚景即刻盡收眼底。餐廳大多數座位靠近落地玻璃窗，貼心地為客人提供最美天台景，環境不錯。

餐廳食的是帶有Fusion成分的簡單菜，包括燒烤，價錢中等，是Thong Lor區唯一一間天台餐廳。

要提醒大家的是這裡較為大風，帶假髮或者織髮的朋友要小心，可能一不留神頭髮便會飛走。

INFO
地址：Top Floor, Bangkok Marriott Hotel Sukhumvit, 2 Sukhumvit Soi 57 Bangkok
電話：02-797-0000
網頁：www.facebook.com/MarriottSukhumvit

Siam
Chitom
Ploenchit
Asok
PhromPhong
ThongLor
Ekkamai
Udom Suk
Victory Monument

日本村食正宗九州懷石料理豆腐餐

梅之花Umenohana 05

Map 6-2/C2

🚗🚌 BTS Thong Lor站3號出口轉乘的士約4分鐘。

　　梅之花餐廳來自1976年的日本,當時在九州開店,最出名的是他們的蟹和懷石料理,到了後期1986年,多了些豆腐食品,時至今日,梅之花在日本有超過八十間分店,所食的仍然是富特色及健康的豆腐和懷石料理。

　　在泰國曼谷 Thong Lor 區新起的日本村內,有梅之花第一間泰國分店,此店屬眾所周知的泰國S&P飲食集團所管理。

　　店內職員全部接受過專業培訓,因為處理這種懷石料理和日式豆腐餐不是普通侍應可以做到。

　　最出名的是蟹、豆腐、豆漿,很多道菜都是用豆腐做材料製成。

　　曼谷梅之花店有置身日本地道餐廳的氣氛體驗,如你喜歡吃豆腐和懷石料理的話,這間值得光顧。不過要提醒,朋友曾連續訂了四次位都沒有成功,大家不妨花點時間提早訂位。

INFO
地址:Nihonmura Mall, 2/F, Thonglor 13
電話:08-4438-3892
營業時間:11am-3pm;6pm-11pm
網址:www.umenohana.co.th

清新花園　**Map 6-2/C1** 06

Treasure Spa

🚗🚌 BTS Thong Lor站3號出口轉乘的士約6分鐘。

Treasure Spa是高兩層的花園小屋,有7間Treatment房,當中4間擁有大型浴缸,就算兩人同浴亦不覺擠逼。

此店選用的Spa產品亦很嚴謹,Facial只用德國名牌Decleor;Body Scrub則

是每天新鮮製造的天然物料如檸檬、椰子、芝麻蜜糖及山竹。另外還有多種不同Treatment,最貴1,300銖起,港幣千多元已可做足5小時,計落真的不算昂貴。

地址:33 Thonglor 13 Soi Torsak Wattana
電話:02-391-7964
營業時間:10am-10pm(Last booking 8pm)
網頁:www.treasurespa.com

做Spa遊世界　**Map 6-2/D1** 07

Divana Divine Spa

🚗🚌 BTS Thong Lor站3號出口,轉乘的士約5分鐘。

Divana的姊妹店Divana Divine Spa,位於Thong Lor區J Ave大街後的小巷,照例又是獨立式別墅,感覺上比總店更寬敞。這裡有13間套房,每間房的設計都不同,日式、中式、印度式、羅馬式、埃及式等,各有不同風格的裝潢和款式獨特的浴缸,選一個自己喜歡的地方,一邊做Spa,一邊想像環遊世界吧。建議大家晚上到此店更佳,因為這裡的環境在亮燈後更加美麗。預約更有專車接送服務。

地址:103,Thonglor 17,Sukhumvit 55
電話:02-712-8986
營業時間:11am-11pm;10am-11pm(周六及日)
網頁:www.divana-dvn.com

可能是最好味的煎蠔餅 **Map 6-2/C4**

Hoi Tod Chaw Lae 08

///

🚗 BTS Thong Lor站3號出口,轉入Soi 55,在左手行人路Boots旁邊小巷側。

由這Mae Varee芒果糯米飯行過兩間舖,便有另一檔聲稱最好味的煎蠔餅小店,在這間檔主要吃的就是煎蠔餅,蠔餅煎得脆卜卜,是十分之美味,在曼谷很少吃得到這麼美味。

除了蠔餅也有泰式炒河,亦是用蛋包著炒的,造型和賣相十分不錯,但主打當然都是煎蠔餅。這個檔口已有半個世紀歷史,經常上電視,不少識食的泰國人特意駕車到來吃。

INFO
地址:25 Sukhumvit Soi 55(Soi Thong Lor),Opposite to Asia Herb Association Spa
電話:085-128-3996、089-448-6289
營業時間:8am-10pm

升仙之旅

Bar Thewada 09

///

🚗 BTS Thong Lor站3號出口轉乘的士約6分鐘。

這間酒吧極之有趣,因為店內是以泰國傳說中的仙境作為裝飾主題,所有酒保均打扮成為泰式天仙,帶著一頂白色高帽,調酒時更會加些乾冰營造仙境氣氛,極之有趣。酒吧內有幾個打卡位,有興趣的朋友不妨問酒保借頂白帽影相。店家賣的酒大部份是自家釀製,真正made in thailand,不妨試試。

Google Map

INFO
地址:1000/113 Libery Plaza, 55 Klongton Nua Wattana, Bangkok
電話:063-096-2954 營業時間:6pm-12mn
網頁:IG:bar_thewada

潮飲天台酒吧

Tichuca rooftop bar

10

// **Map 6-2/C5**

🚗🚌 BTS Thong Lor站4號出口徒步約3分鐘。

　　天台酒吧曼谷多的是，但這裡特別的是，天台置有一座巨型水母造型的LED燈，晚間點亮時超有氣氛！

　　星期日至四 5-7pm 可以網上訂位（Facebook有連結），7pm後及星期五、六就只設 walk-in，想看夜景就要預一點時間排隊，超級多人喔！

INFO

地址：T-One Building 8, 46/F, Sukhumvit 40 Alley
電話：065-878-5562　營業時間：5am-12mn
網頁：www.facebook.com/tichuca.bkk

Map 7-2
Ekkamai

A   B   C   D

Soi 16

Ekkamai 9

Ekkamai 7

Soi 11

Soi Charoen Suk

Ekkamai 5

Soi 9

Ekkamai 5

Soi 8

Cha

Soi 7

04

Thong Lo 17

Soi 5

Ekka

06

Soi 4

Soi 3

Soi 1

Soi Sukhumvit 51

Soi Sukhumvit 53

Soi 2

Soi Ekkamai 6

Soi Sukhumvit 55

Soi Ekkamai 4

Sukhumvit Road

出1

Soi Sukhumvit 57

Thong Lo (E6)

出2

Soi Sukhumvit 59

Soi Ekkamai 2

03

出3

Sukhumvit Road

Soi Sukhumvit 61

05

出4

Soi Sukhumvit 63 (Ekkamai)

07

N

BTS Sukhumvit線

出1

Ekkamai (E7)

Eastern
Bus Terminal

出2

02

出3

01 14

Soi Su

Siam
Chitlom
Ploenchit
Asok
PhnomPhong
ThongLor
Ekkamai
Udom Suk
Victory Monument

~ Gateway Ekamai ~

扮作日式商場

Gateway Ekamai

Map 7-2/D5 `01`

🚗🚌 BTS Ekkamai站4號出口旁。

INFO
地址：982/22 Prakanong,Klongtoey,Bangkok
電話：02-108-2888
營業時間：10am-10pm
網頁：www.gatewayekamai.com

這個百貨商場倚傍著BTS站，交通十分方便。樓高8層，以日本情懷為主，最大賣點就是商場內的日本城，當中有不少日本著名餐廳是第一次在泰國登陸。

如題所説，東瀛風貫穿整個商場，除了剛才所説以飲食為主的日本城外，也有一些國際的食肆、日本品牌的超級市場、日式時裝Outlet、美容Spa以及電器發售。

又一小朋友天地

Harborland

`1a`

Harborland在曼谷有十數間分店，但多數在旅遊區以外，不過近年開始進駐市中心，Ekkamai Gateway是比較具規模又近市中心的一間（另外在IconSIAM及Sidhorn Midtown都有小型分店）。小朋友狂玩2.5小時，一定開心。如有富貴家長，可以花點錢請場內的陪玩員代為照顧同玩。

INFO
地址：5/F   電話：065-848-1000
營業時間：10am-8pm
費用：幼童190銖/小孩（81cm或以上）520銖/18歲或以上家長190銖（玩樂時間為2.5小時）

乘巴士到芭堤雅　**Map 7-2/C5** `02`

Eastern Bus Terminal

🚗 BTS Ekkamai站2號出口，面向馬路往左行，過了馬路便看見。

想去芭堤雅，但又不想花太多錢坐的士或包車的話，可以到這個巴士總站轉乘長途巴士前往；由5:20am至8:20pm，約40分鐘一班，車程三個多小時。不但有冷氣，還有行李倉擺放大型行李，票價只是90銖，視乎走不走Motorway而定，但最貴亦僅港幣二十多元，既便宜又舒適。

地址：next to the Ekkamai BTS satation
電話：02-382-2097
營業時間：24小時

爽爽爽　**Map 7-2/C4**

Let's Relax `03`

🚗 BTS Ekkamai站1號出口，轉入Soi 63徒步約5分鐘。

Let's Relax的這間店裝修與其他分店很不同，裡面的陳設給人一種更relax的感覺，加上地點較為遠一點，主要做區內當地人生意，所以在裡面不會聽到很多中、港、台遊客的聲音，亦不會感覺很嘈吵。他們的房間之多及大可能是多間Let's Relax店之冠，價錢與其他分店是一樣的，而且亦有他們品牌的產品發售。

地址：2/F., Park Lane Mall, Sukhumvit 63
電話：02-382-1133
營業時間：10am-12mn
網頁：https://letsrelaxspa.com/branch/ekkamai

蟹肉之王　**Map 7-2/D2**

Here Hai

🚗 BTS Ekkamai站1號出口，經Soi 63乘的士前往約6分鐘。

04

Siam
Chitom
Ploenchit
Asok
PhromPhong
ThongLor
Ekkamai
Udom Suk
Victory Monument

泰文跟廣東話的發音，許多時都會有些有趣的crossover。雖然店名跟廣東話的粗口有點相近，但意思卻完全不同——店名意解「父親送給我的」。店家主打蟹肉/河蝦入饌的菜式，即叫即炒，蟹肉豐富甘香，深受當地食客歡迎，每枱都附設的秘製綠色酸辣汁更是必嘗。

店家2020-2023連續4年獲米芝蓮推介，名氣雖不及另一家米芝蓮推介的「姐費」，但勝在價錢大眾化，用餐環境較光鮮舒服。難怪店前常常大排長龍，遇上假日繁忙時段，隨時要等上一個多小時才可以入座。

INFO

地址：112, 1 Ekkamai Rd,
　　　　Khwaeng Khlong Tan Nuea
電話：063-219-9100
　　　　（旺季不設訂座）
營業時間：10am-3pm;
　　　　4pm-5:30pm；逢星期一休息
網頁：IG: herehaifoods

Siam
Chitlom
Ploenchit
Asok
PhromPhong
ThongLor
Ekkamai
Udom Suk
Victory Monument

Map 7-2/D4 *創意大自然餐廳*
Cuisine de Garden Bangkok
05

🚗 BTS Ekkamai站1號出口徒步約6分鐘。

餐廳老闆是幾個室內設計師，他們一起開了一間造型設計很有心思的餐廳。這裡吃的是套餐，大約1,600銖的套餐有六道菜，由餐前麵包到主菜甚至飯後甜品都充滿心思。前菜的麵包以樹葉作為形象，而墊底的是來自清邁的樹葉。另外一道墨魚亦內有乾坤，裡面釀了豬肉，外面則是一個網，其實是以竹碳和蛋花製成。取其義就是大家出海打墨魚之時，都會看到漁火閃閃的光，而這些光就是魚子，整個想法非常有創意。

大家要去的話最好是先預訂，否則就可能望門輕嘆。

INFO
地址：12/6 Phatsana1, Northern Phrakanong, Wattana
電話：061-626-2816
營業時間：6pm-11pm，星期日休息
網址：www.cuisinedegarden.com

最受當地人歡迎 **Map 7-2/D2**
Health Land 06

🚗 BTS Ekkamai站1號出口徒步約8分鐘。

於當地相當著名的 Health Land，賣的是「治療Spa」，由於需定期「覆診」，遊客只怕無福消受。但其最新最大的分店剛於Ekkamai 開幕，內有一間置有智能浴缸、濕蒸桑拿的VIP房，只要使用其Spa Package及預先訂房便可使用。

INFO
地址：96/1 Soi Sukhumvit 63 (Ekkamai), Sukhumvit Road
電話：02-392-2233
營業時間：9am-11pm
網址：www.healthlandspa.com

Siam
Chitlom
Ploenchit
Asok
PhromPhong
ThongLor
Ekkamai
Udom Suk
Victory Monument

一變四的白天鵝餐廳

The Gardens of Dinsor Palace 07
Map 7-2/C4

BTS Ekkamai站1號出口徒步約6分鐘，經過Fullerton Sukhumvit 後右轉入小巷中段右手邊即見。

這餐廳的前身是一間名為Bonjour 的法國餐廳，最大賣點是池塘裡養有數隻白天鵝，故又稱為白天鵝餐廳。但現在餐廳已重新裝修，風格亦改為美式新派菜，由美籍女廚師主理，每日早上8時開始提供早餐至晚餐。

而過往的白天鵝如今已成為配角，因為餐廳落地大玻璃旁的一個小花園中多了對白孔雀，人客可邊吃飯邊欣賞白孔雀，機緣巧合説不定還可看到牠們開屏爭艷的美態。

INFO

地址：1217/2 Sukhumvit Road, between Soi 59 &
　　　Soi 61 Wattana
電話：02-714-2112
營業時間：11am-9pm；星期六日9am-10pm
網頁：http://thegardenspalace.com

Map 8-1
Udom Suk

On Nut **E9**
Bang Chak **E10**
Punnawithi **E11**
Udom Suk **E12**
Bang Na **E13**
E14
Bearing

3344

Udom Suk Road

03

Bang Na-Chon Buri Expressway (Toll Road)

Map 8-1b
Mega Banga

Bang Na-Chon Buri Expressway (Toll Road)
Bang Na-Trat Frontage Road
Bang Na-Trat Frontage Road

BigC

Mega **01**
Banga

Ikea

9

Marvel
Experience

Srinagarindra Road

3344

02
Train
Night
Market

04
Seacon
Square

Srinagarindra 42
Soi Srinagarindra 51
Sanam Golf Alley

Map 8-1a
Train Market

~ Mega Banga ~

南亞區最大低層式商場　**MAP 8-1b**

Mega Bangna `01`

🚗🚌 BTS Udom Suk站5號出口（7-11便利店門前）乘坐免費穿梭巴士（每30分鐘一班）直達Mega Bangna，車程約15分鐘。

　　以前提起全泰國最大商場必定是Central World，但時至今日，紀錄已經被Mega Bangna打破。這個低層式超大型商場總面積超過四十萬平方米，有逾800間店舖分別在10個區域，而東南亞地區最大的宜家傢俬旗艦店也在這裡。10個區域包括：Fashion、Food、Kids、Lifestyle、Banking、Wellness、Tech、Sports、Home、Gems。場內呈圓形的設計，每層「tum tum轉」無終點。裡面亦有Robinson百貨、Big C Extra超級市場、電影院及溜冰場等。

INFO
地址：39 Moo 6 Bangna-Trad rd., Km 8 Bangkaew, Bangplee, Samutprakarn
電話：02-105-1000
營業時間：10am-10pm
網頁：www.mega-bangna.com

Accessorize

Shop unit 1158

　　這間Accessorize主要出售自家設計的飾物、袋、帽及特色文具用品，無論是自用物品或是送禮餽贈，也是一個可以找到心頭好的店子。

Siam
Chitlom
Ploenchit
Asok
PhromPhong
ThongLor
Ekkamai
Udom Suk
Victory Monument

~ Mega Banga ~
Beauty Cottage
Shop unit 1624

這店專售化妝用品，用品的包裝設計很 lady，當然也有不少天然的沐浴用品。

Big C Extra
L1/F

這間 Big C Extra，一句講晒，係生活日用品、衣飾及超市混合店。

全南亞區最大的宜家
IKEA Thailand

「宜家」在 Mega Bangna 的店舖，是全南亞區最大的分店，比新加坡及香港的更大，內有逾8,500件貨品，包括專為泰國市場而設的產品。當然，部分貨品比香港的售價便宜。

INFO
位置：G/F
電話：02-708-7999
營業時間：10am-10pm；餐廳9:30am-9:30pm
網頁：www.ikea.com/th

~ Mega Banga ~
Blu O Rhythm & Bowl 2/F

保齡球場除了設有大場外，也有三五知己私人角落供客人選用。

Meticulous

Shop unit 1614

上班男士可選擇度身訂造的英倫式上班服。

Food Republic

Shop unit 2448

Food court的食店、座位選擇也多。

02 曼谷元祖夜市

Talad Rot Fai Srinakarin

// **MAP 8-1a**

🚗 BTS Udom Suk站5號出口轉乘的士約20分鐘，在Seacon Square Srinakarin背後。

　　這個夜市十分草根和地道，買的、賣的都是地道泰人，尤其年輕人。它比較像Asiatique或者JJ market一樣，屬有瓦遮頭的小店舖，巷內有food court。

　　露天部分除了有一半是食物檔口和售賣衣物精品外，也有不少vintage古舊家具擺設和電器的小檔口，不時有小販開古董車來擺攤，當中更有不少古董車供遊人拍照很有風味。室內外合共數千檔口，差不多拍得住Asiatique般大。

　　前往方法可坐BTS去 Udom Suk站再轉的士約20分鐘，晚上逛完等的士可能需花點時間，請留意。

INFO
地址： Srinakarin 51, Srinakarin Road, Nongbon, Prawet
電話： 081-827-5885
營業時間： 5pm-翌晨1am；室內部份星期一休息；露天部份逢星期四至日晚營業

專車接送商場水上樂園

Pororo Aqua Park 03

MAP 8-1

🚗🚌 BTS Udom Suk站5號出口（7-11便利店門前）乘坐免費穿梭巴士（每30分鐘一班）直達Megabangna，車程約10分鐘。

在曼谷往芭堤雅的路上，有一家叫Central Bangna的百貨商場，頂樓有一個水上樂園，當年叫LeoLand，如今已易名Pororo Aqua Park，遊樂場用了很多韓國公仔來作造型設計。

重新裝修過的水上樂園，總共有9個池，4條滑水梯，大人小朋友都適合。很多當地人或住在那裡的外國遊客都會去玩，尤其當中一條滑水梯，一部分設計成彷彿拋到天台範圍，感覺像被甩到馬路再被拉回來，頗刺激。

這裡所有配套都不俗，儲物櫃及泳池配套做得非常足夠，人客可以不用帶毛巾，在這裡租用即可，甚至可以現場買泳衣。惟對香港人來說，有件事情可能不太習慣，就是會被要求到更衣室換上拖鞋，而拖鞋是公共膠拖鞋，即是很多人穿過，是否接受則見仁見智。

INFO

地址： 6/F, Central Bangna 585 Bangna-Trad Rd, Bangna
電話： 02-745-7377
營業時間： 10:30am-7pm（最後入場:5pm）；星期六日10am開場
網頁： www.pororoaquapark.com
費用： 小朋友90cm下：免費；身高90-120cm：280銖，大人：400銖，長者60歲以上：280銖。儲物櫃、水泡或毛巾另外再計

最大室內兒童遊樂場

YoYo Land @ Seacon Square Srinakarin 04

MAP 8-1a

 BTS Udom Suk站5號出口轉乘的士約20分鐘。

這個超大型的百貨商場，所賣的東西跟曼谷其他的百貨公司都是大同小異。如果想去一些比較地道、不是那麼多香港人出現的商場，不妨來此逛逛。裡面有一樣東西是其他商場沒有的，就是全曼谷最大的兒童室內遊樂場YoYo Land。這不是甚麼新事物，不過全泰只有這裡才有那麼大的室內遊樂場，機動遊戲種類多，電動木馬、摩天輪、小型火車、小型船或艇，各式玩意真的應有盡有。一家大細可在這個商場裡吃吃喝喝，買買東西，讓小朋友在這裡放電，作為親子旅遊的一個項目也不錯。

地址：L4, 55 Srinakarin Road, Nongbon Prawet
電話：02-721-8888
營業時間：12nn-7pm（星期三休息）
網頁：www.facebook.com/yoyolandseacon-square

Phetchaburi Rd.

Phaya Thai Rd

1. **CoCo Walk** **9-2**
   a.B Story 9-2
   b.Caturday Cafe 9-3
   c.Hungry Nerd 9-4
2. Chalermla Public Park 9-4
3. Saxophone Pub 9-5
4. Victory Point 9-5
5. Fashion Mall 9-5
6. Eastin Grand Hotel Phayathai 9-6
7. Phaya Thai Palace 9-7

出2
出1
Ratchatewi (N1)
Soi Phaya Nak 出4
出3 **01**
CoCo Walk

Si Surut Alley

02

Si Surut Alley

N

Map 9-1a

Ratchawithi Rd.

05

Ratchawithi Rd.

04

出3 **03**
Victory Monument (N3) 出4
Soi Ratchawithi 9

N

Yothi Alley
出1
出2
Century Movie Plaza
Phaya Thai Rd
Soi Loet Punya
07

Map 9-1 Victory Monument

~ *CoCo Walk* ~

MAP 9-1a　**01**

CoCo Walk

🚗🚌 BTS Ratchathewi站4號出口即見。

BTS Ratchathewi 站旁有一個地方叫 CoCo Walk，是一個頗 Chill 的地方，裡面有酒吧和 Cafe，亦有幾間裝修特別的餐廳，相當受當地人喜歡，願意來這裡輕鬆一下。

我就試試介紹其中幾間人氣餐廳及 Cafe，看看合不合你的心意!?

教堂式咖啡店

B Story　**1a**

這間 Cafe 其實是由酒行改建的店，vintage feel 十足，猶如小花園一樣，擺滿公仔，賣咖啡、意大利粉、三文治之類，而兩樓設計竟有如教堂，甚有感覺！

咖啡店看起來雖有點豪華，食物價錢卻很平民，最重要他不是為遊客而設，我去幫襯過幾次，發現都是學生在溫書，本地人在聊天，有日本代官山咖啡店的感覺，尤其是 vintage 的擺設加上花花草草，簡直是這一區的俗世清泉。如果你去了 Ratchathewi 的 貓 Cafe 玩，之後想找個地方安靜地休息，和朋友聊聊天的話，這裡是個好選擇。

INFO
地址：Room A1, Coco Walk, 89/70 Phayathai Road
電話：02-656-5677
營業時間：10am-11pm
網頁：www.facebook.com/B-Story-Cafe-456139967853888

Siam
Chitlom
Ploenchit
Asok
PhromPhong
ThongLor
Ekkamai
Udom Suk

~ CoCo Walk ~

在BTS旁餵名種大肥貓

Caturday Cafe 1b

在CoCo Walk有一間貓Cafe，地方不大，但布置相當特別。由大門的門柄到裡面廁所的布置，甚至乎牆上的壁畫全部都是和貓有關，內裡養了超過四十隻貓，但輪迴亮相的則有25隻，當中除了一隻是來自泰國的外，其他全部都是外國入口的名種貓，每隻貓雖然沒有經特殊訓練，但牠們也懂得對號入座在自己的位置上睡覺休息，而位置上亦有名片和相片讓大家知道牠的名字。

人客入場前首先要脱鞋和洗手，進去後可以隨便叫一些糕點和飲品。有時候人客叫了蛋糕，有些貓咪會跑來欲偷吃，這時候職員便會前來幫忙把為食貓捉走。

INFO
地址：CoCo Walk Avenue via BTS Ratchathewi Station
電話：02-656-5247
營業時間：12nn-9pm；星期六及日11am開店（逢星期一休息）

~ CoCo Walk ~

BTS旁399銖食超大雜扒

Hungry Nerd　1c

　　這間食扒專門店的形式有點像Sizzle又或者Jeffer，都是以食平價扒為主。專門店裡有很多平價扒發售，當中最大賣點就是價值399銖的超級大雜扒，包括有5種扒類，有腸、雞肉、豬肉、牛肉和魚，兼且亦都有薯條、麵包和沙律，基本上一大碟已經夠2至3人食，價錢來說也划算，399銖即80元港幣左右便有交易，如果以份量和質素來說，比Sizzle和Jeffer更抵食。

　　假設你自問是食肉獸或者想試試這超級抵食的大雜扒，可以搭BTS到Ratchathewi站，在樓梯旁邊就已經是，很容易找到。

INFO
地址：CoCo Walk Ratchathewi Bangkok
電話：02-656-5550
營業時間：11:30am-12mn
網頁：www.facebook.com/
　　　hungrynerdbangkok

塗鴉公園　MAP 9-1a　02

Chalermla Public Park

　在BTS Ratchathewi站行去2號出口徒步約1鐘，或由Siam Discovery商場沿Phayathai Road徒步約5分鐘。

　　這個在Ratchathewi BTS站附近的公園本是一處荒置已久的廢地，有很多塗鴉人士及一位泰國已故的塗鴉大師在這裡留下了一些作品。泰國政府在這些藝術品的保護方面向來不遺餘力，原本的爛地，經重新整理，從爛地搬走了雜物，再種了些花草，每日供遊人參觀，而這公園的賣點是塗鴉的畫作可供遊人拍照留念，是一眾愛藝術人士喜歡到訪的地點。

INFO 營業時間：5:30am-7pm

樂迷必到
Saxophone Pub

BTS Victory Monument站4號出口，出了行人天橋在右手邊Victory Point旁的小巷中。

在1987年，這裡已有一個不少日本人慕名到來的地方，就是這間作古舊打扮的Saxophone Pub。每晚有專人live演奏Jazz、Blues或Reggaes，有得食有得飲，不少樂迷逢周六晚到來熱血撐場。住在附近，想尋找晚上正經娛樂的朋友，這裡是個好地方。

這是小型店舖，不收入場費，也沒有dress code，不是專為遊客而設，是多年得獎的曼谷最佳音樂娛樂場所！

INFO
地址：3/8 Phayathai Road, Victory Monument
電話：02-246-5472　營業時間：6pm-2am（翌晨）
網頁：http://saxophonepub.com

小型女人街
Victory Point

BTS Victory Monument站4號出口，直行出去行人天橋，在右下方。

當年在BTS橋下的Victory Point，有似足大笪地般的Beer Garden，食、飲及音樂都有。今日只剩下少量大排檔或食檔，大部分店舖已變成時裝店，有點似女人街，可說是一個小型夜市。

INFO
地址：3/8 Phayathai Road, Victory Monument
營業時間：10am-11pm

駁髮商場
Fashion Mall

BTS Victory Monument站4號出口，上行人天橋直行，過了地標後，在右邊。

也是一個為地道人而設的商場，最大特色是裡面有接近二十個替人駁髮的檔口，只需100銖左右便有交易，十分相宜。除此之外，還有130銖一小時的腳底按摩，堪稱全區最經濟。

INFO
地址：459 Rachvithee Road, Thanon Phayathai, Ratchathawi
營業時間：10am-10pm

Google Map

06

機鐵站直達

Eastin Grand Hotel Phayathai

在曼谷有幾間分身的 Eastin Grand Hotel，最近有新攪作，在機場快線 Phayathai 站對面新開了這間豪華酒店。旅客其實可以沿著 BTS Phayathai 站的有蓋天橋通道，出閘後直接拖著行李，徒步約2分鐘即可到達酒店。

酒店設有兩個無邊際泳池，一個在 22/F，另一個則在 37/F（只限特定房間住客使用），更可望到醉人的日落，景觀一流。房間方面，除了基本的房間款式外，更設有 2-Bedroom 及 3-Bedroom。

值得一提，酒店 4/F 就是 The Unicorn 商廈的美食層，更有人氣甜品店 After You 坐陣，搵食絕對無難度。

🚗🚆 BTS/ 機鐵Phayathai站經有蓋行人天橋徒步直達酒店。

INFO
地址：The Unicorn Building, 18 Phaya Thai Rd, Thung Phaya Thai
電話：02 483 2899
網頁：www.eastinhotelsresidences.com/eastingrandhotelphayathai

Siam

Chitom

Ploenchit

Asok

PhromPhong

ThongLor

Ekkamai

Udom Suk

Victory Monument

入皇宮飲茶食飯

Phaya Thai Palace

07

BTS Victory Monument站3號出口轉乘坐的士約6分鐘。

Phaya Thai Palace建於1909年的泰國五世皇時代，其後六、七世皇也曾在此居住，七世皇更把他變成國際酒店，隨後將酒店變為泰國第一無線電廣播電台；後來再變成醫院至今，而皇宮部分則保存開放給遊客參觀。這座皇宮地方很大，每日有導賞時段，當年泰皇的臥室及會議室等都可供參觀，雖事隔百多年，但部分設施環境都保養得很好，相當有歐洲色彩。

裡面分了甚具歐洲皇族色彩的Thewarat Sapharom Hal、紅色尖頂的Phiman Chakri Hall、皇族古城的Waikun Thepayasathan Hall、白色走廊的Udom Wanapon Building等等，部分設計是由歐洲建築大師專誠飛來泰國因地而造，把古舊的皇族氣派發揮得淋漓盡致。

外面還有大型宴會廳，一樑一柱全是當時意大利、法國名師作品，古歐洲味濃。

Google Map

INFO

地址： 315 Ratchathewi Rd, Ratchathewi District（inside PhraMongkut Hospital）
電話： 02-354-7987
營業時間： 皇宮博物館平日：8am-5pm；假日9:30am-5pm（假日9am-1:30pm有導賞）；咖啡店平日8am-7pm；假日10:30am-7pm
網頁： www.phyathaipalace.org

Map 10-1
National Stadium

National Stadium

Sala Daeng | Chong Nonsi | Surasak | Saphan Taksin

全天候商場 MAP 10-1/D2 01
MBK Center

🚗 BTS National Stadium站4號出口，右邊有天橋連接至MBK 2/F。

全 名Mahboonkrong 的 MBK Center，位於BTS National Stadium 車站旁邊，是7層高的大商場，面積與又一城相若，內裡包括曼谷唯一的Tokyu 東急百貨公司、餐廳、CD、二手牛仔褲、潮流波鞋、手提電話、戲院、熒光保齡球場、卡拉OK、書局及泰國食品店舖等，相比鄰近商場無疑較少名店，面向大眾化，消費一般不太貴；2/F有天橋接駁Central World 和BTS Siam 站，徒步亦只是數分鐘而已，十分方便。

INFO
地址：444 Phayathai Rd., Patumwan
電話：02-852-7000
營業時間：10am-10pm
網頁：www.mbk-center.co.th

來自布吉的香薰產品 1a
Lemongrass House

老闆是外籍人士，原來只是小本經營，在位於布吉的小店內發售自家生產的產品；但因為口碑好，不少酒店及Spa中心都向其洽購產品給人客於店內使用，因此很多酒店及Spa中心都能找到這個品牌產品的蹤影。但可惜這個品牌的門市，卻只有發源地布吉島及曼谷翟道翟，若要買些回家用的話也不容易。

後來在曼谷MBK開了專門店。店內所發售的產品與布吉的一樣，有齊最熱門款式，如沐浴露、香皂及香薰精油等產品。據聞，現時只有布吉總店才有得賣的新研發產品，如嬰兒用的爽身粉，稍後也有機會引進曼谷店。

INFO
地址：3/F 3C-26
電話：02-610-4886
網頁：www.lemongrasshousethailand.com

一站式泰式沙龍

Thai Style Studio 1984

1b

去日本你會想試著和服拍輯沙龍，那麼，去曼谷有沒有想過變身成為古代的泰國王子或公主呢？這是曼谷市中心唯一一家可以讓大家變身「泰古人」的影樓。

基本套餐2,300銖就已經包一套可以外借3天的傳統泰式服裝和一次化妝set頭服務。穿著泰古服沿路自拍都可以。想請攝影師陪影嗎?4,000銖一小時，價錢合理！想再平一點點，可以留在室內的影樓直接變身和拍攝，也只是3,000銖一位（包服裝，set頭和30幅硬照）！

INFO
地址：3/F, Zone C 3C-09　　電話：02-048-7136　　營業時間：10am-8:30pm
網頁：https://thaistylestudio1984.com
預約：service.thaistylestudio@gmail.com 或 Facebook "thaistylestudio1984"

National Stadium

Sala Daeng

Chong Nonsi

Surasak

Saphan Taksin

National Stadium

Sala Daeng | Chong Nonsi | Surasak | Saphan Taksin

媽媽聲的泰菜

1c

Ban Khun Mae

Ban Khun Mae 直接解釋是亞媽的家，開業於1998年在我早期的作品曾介紹過。在 Siam Square 最具人氣的泰國餐廳就是這間。

傳統泰菜，種類十分多，Menu 內有英文又有相片不會不懂叫菜但味道偏辣。如今 Siam Square 的木屋已經拆走，結果搬到來 MBK 延續其美味故事。

INFO
地址：2/F　電話：02-048-4593
營業時間：11am-11pm
網頁：www.bankhumae.com（7pm前入座可以訂位）

夜半口痕也不驚

1d

Donki

曼谷的 Donki 已經開了好幾家，各有大細，MBK 這家賣的貨品跟其他 Donki 大同小異，不過是24小時營業（Ekkamai 分店亦是），住附近的朋友，半夜口痕的話可以來 MBK 買杯麵或薯片做宵夜。

INFO
地址：2/F
電話：02-209-1616　營業時間：24小時
網頁：www.dondondonki.com/th/store/

綜合時裝outlet

1e

Fashion and Living

前身其實是東急百貨的位置，說穿了其實是一個綜合的運動服裝Outlets，跑鞋、Outfits n 及各種配飾都有發售。

價錢大概是市價的6折（不過原價是官方標價），所以換轉之後並不屬於跳樓價，但也比市面便宜一點；打算大手掃貨的朋友可能要調整一下心理了。

地址：3/F
網頁：https://mbk-center.co.th

1f

沖哥酒吧膽

Kenshin Izakaya

爆谷味的啤酒你飲過未？富士山味道的啤酒是甚麼一回事？劍心是一家日本風酒吧之餘，也專門推出五花八門味道啤酒的酒吧！就連平日不多喝啤酒的我，路過附近也會上來喝一杯爆谷味啤酒（其實是零酒精），不妨試試。

地址：2/F
電話：02-004-8888
營業時間：11am-12mn
網頁：IG:kenshinizakaya

泰美麗女僕

Maidreamin

1g

這間餐廳有趣啊！本身是來自日本的女僕cafe，不過來到泰國，所有女僕都變成泰國人和講泰文/英文啦！MBK裝修後，轉走年青人路線，頓時變得熱鬧，人氣旺盛。泰版女僕cafe保持到日版的可愛風，食品也是沿用日本的菜單，客人可以用英文去跟侍應溝通，算是一個方便的賣點吧！

INFO
地址：7/F, #A3-A4舖　電話：02-003-1616
營業時間：11:00am-10:00pm（L.O. 9:30）
網頁：https://maidreamin.co.th/

1h

平到你唔信

Suki Teenoi

真係平霸之中的平霸！而且是夜宵之霸！11點營業到凌晨5點，每人219銖任食火鍋！海鮮紅肉蔬菜一應俱全，真的是無敵！食物質素嘛，可以啦，這個價錢不能期望有A5級和牛，但至少肉類尚算吃不出雪味！遇上喜歡狂吃火焗的朋友可以試試。

INFO
地址：2/F
電話：02-209-1616
營業時間：24小時
網頁：www.facebook.com/sukiteenoithailand

創意芒果甜品店
Yenly Yours 1i

泰國的4至5月是芒果當造的日子，不過其實曼谷有間甜品店常年都有芒果類的甜品，而且種類有創意。這間在 CentralWorld 樓上、MBK 商場6樓都有分店。MBK 的分店較 CentralWorld 的大，他們所有的甜品都和芒果有關，主要是由芒果中的 Nam Dok Mai 來做，不過遇上 Nam Dok Mai 芒果缺貨，他們會用另一款芒果 Chok Anan 來代替。

這裡和普通的甜品店不同，一般的都少有免費水供應但這裡有。

INFO
地址：6/F
電話：086-996-9797
營業時間：10:30am-9pm
網頁：www.yenlyyoursdessert.com

方便就腳
Pathumwan Princess Hotel 1j

 BTS National Stadium站4號出口經天橋直達。

酒店本身實在有點舊，不過勝在位置優越，樓下已是MBK商場，一出門便是 National Stadium BTS 站，搭幾個站就到 Mo Chit 站玩轉 JJ Market！而酒店斜對面已是 Siam Discovery Centre 和 Siam Center，接連著必到的 Siam Paragon 大型商場，食買玩住差不多可謂是一站式。

INFO
地址：444 MBK Center, Phayathai Road, Wangmai, Pathumwan
電話：02-216-3700
網頁：www.pprincess.com

National Stadium

Sala Daeng Chong Nonsi Surasak Saphan Taksin

MKB商場舒適按摩店

Let's Relax 1k

在MBK商場有數家小型的按摩店，但説到要找間地方舒服，能提供不需要和其他人一齊做按摩的店，只有Let's Relax這一間。這裡的環境比較舒適和豪華一點，雖然是環境好一點，但價錢不算太貴。

INFO
地址：5/F
電話：02-003-1653
營業時間：10am-12mn
網頁：https://letsrelaxspa.com/branch/mbk-center

MBK Mall食堂新面貌

Food court 1l

曾幾何時MBK Shopping Mall的food court是最受星馬港台朋友歡迎也是最經典的。隨著時代的轉變以及其他商場food court的出現，他們亦變革維新，地方變大變乾淨了，多了很多商舖在擺檔。整個food court的食物種類很多，與其他food court最大不同的是這個food court標註有大量中文，就算不太懂英文也可以對號入座，看圖識字點餐。

INFO
地址：6/F

創意泰多
Bangkok Art & Culture Centre

MAP 10-1/D1　02

🚌 BTS National Stadium站3號出口經天橋直達。

在MBK Siam Discovery之間開了這個文化藝術中心。地庫有免費書局及免費上網服務，1至5樓是一家設計師的Showroom及創意商店。而6至8樓是展館，全泰最有文化、創意的產品都會在此展出，免費入場。

INFO
地址：939 Rama 1 Road, Wangmai, Pathumwan
電話：02-214-6630
營業時間：10am-9pm（星期一休息）
網頁：www.bacc.or.th

DIY首飾
Shannta 2a

理論上，在Bangkok Art and Culture Center內不應該有一些世俗平庸及商業味濃厚的店舖。這間店是賣首飾的，最大賣點是可以教你DIY首飾，遊客們可以上一堂兩小時的課程，學習怎樣去自製一條手鏈或耳環，感覺有趣。在泰國，這類教你自己做首飾的店不多，它所提供的並不是一般的假冒偽劣首飾，而是質量有保證的銀飾，所以這間店舖在Art and Culture Center的出現，絕對是一個點綴。

INFO
地址：3/F
電話：02-610-0290
網頁：www.shannta.com

退後了數條街

運動一條街

//////////////////////// **MAP 10-1/B3** 03

🚗 BTS National Stadium站2號出口轉乘的士約5分鐘。

曾在之前的旅遊書中介紹過National Stadium後面有個稱之為「運動一條街」的街道，整條街主要是賣運動服飾或用品，甚至訂造獎杯等。

不過最近因為朱拉隆功大學有意將馬路擴闊（因條街是屬大學範圍），故全條街由 Soi 2移到 Soi 10。如你鍾情於運動的話，尤其是對泰國球衣或泰拳用品等有興趣，必到此一遊。

INFO
First Sport店舖地址：7/6 Soi Chula 12, Pathumwan
電話：081-372-1688
營業時間：10am-5:30pm；星期日營業至4pm

獨有燒乳豬

MAP 10-1/B2 04

建興酒家Somboon(Bantadthong店)

//

🚗 BTS National Stadium站2號出口，面向馬路左行到運動用品街轉入，右邊見Soi 2, 4, 6，建興酒家在Soi 8內。

一條街上有兩間建興，一間吃中菜，有泰式乳豬；另一間吃泰菜，價錢較其他分店平。最拿手是他們的冬蔭功及咖喱炒蟹肉。

INFO
地址：895/6-21 Soi Chula 8, Bantadthong Rd.,Wangmai
電話：02-216-4203
營業時間：11am-9:30pm
網頁：www.somboonseafood.com

三更半夜齊齊搵 Ma Ma

Jeh O Chula `05`
/////////////////// MAP 10-1/A3

🚕 BTS National Stadium站2號出口出,乘的士約4分鐘。

在BTS National Stadium站附近的Chula Soi 16對面,有一家很有人氣的餐廳,這家餐廳每天下午5:30起營業,所吃的只是一般泰式地道的小炒和粥之類的東西。但一到晚上就人氣旺盛,要排隊拿籌號,過了晚上10:30就不再派籌,令很多人只能望門興歎。

原來這家已開業了四十多年餐廳最多人吃的是MaMa麵,但直至近期才開始有「媽媽大碗麵」這個噱頭。客人必須在晚上10:30前到達排隊拿籌,拿了以後就對號入座。進去坐下後還不是馬上可以點媽媽麵。

當晚我和朋友去,10:30去到,點了麵,等到約12點左右麵才送到。其實這已是平常不過的事情,根據店主所說,製作這些麵非常花時間,也曾經因為有客人等得太久跟他們吵了起來,所以有一段時間沒有供應這款麵。

但對遊客來說,除了事先來排隊,也要等很久才可以吃,而且店員的英文程度可能不足以跟遊客溝通。當然看著網上圖片「手指指」也總勉強能叫到的。

地址:113/1 Thanon Charat Mueang, Rong Mueang,(opposite to Chula soi 16)
電話:081-682-16, 064-118-5888
營業時間:4:30pm-12mn(休息日請上facebook看通告)
網頁:www.facebook.com/RanCeXow

Sala Daeng

Map 11-1
Sala Daeng

All Day Dining **MAP 11-1/C1**
Silom Edge `01`

🚗🚌 BTS Sala Daeng站4號出口，面向馬路向右行至Saladaeng Road，直入至街尾約15分鐘向左行。

　　Silom Edge其實就是昔日Silom Robinson的前身，來來回回經歷了近10年才完成整個重建計劃。Edge的 G/F 及 LG/F 如今變成一個24小時不停All Day Dining的美食天堂：快餐店、cafe、foodcourt和人氣船麵店Pranakorn Noodle Restaurant都已經進駐！如果大家住在Silom路上或附近，半夜想食宵夜，可以來這裡醫肚。

INFO
地址：2 Si Lom, Suriya Wong, Bang Rak
時間：場地24小時，個別餐廳營業時有異
網頁：www.silomedge.com

坐艇跑步跳舞睇蜥蜴

Lumpinee Park 02

MAP 11-1/D1

🚗🚌 BTS Sala Daeng站4號出口，面向馬路右行，過馬路就到公園，或MRT Silom站1號出口。

曼谷公園Silom路對正的Lumpinee在曼谷已有很多年歷史，地方十分大，中午時分也有些情侶坐在人工湖旁邊餵白鴿及用40銖價錢租天鵝艇半小時遊覽湖光山色；更有趣是公園內隱藏了一些類似科莫多龍的大蜥蜴，牠們不會侵襲人類，但提提大家，這些大蜥蜴多會在早上或中午時出現在湖邊，但切記只可遠觀而不能接觸或追逐牠們啊！

INFO 地址：Rama IV Road. Bangkok

全泰最早私家醫院

BNH Hospital 03

MAP 11-1/C3

🚗🚌 BTS Sala Daeng站2號出口，面向馬路方向轉左行到Soi Convent，直行約12分鐘，在Naj餐廳旁。

原來在泰國，歷史最悠久的私家醫院是這間，地點十分近遊客區，若遇上頭暈身熱可選擇來這裡打針。這裡給你感覺似酒店多過醫院，如果光顧其身體檢查，更有免費早餐奉送，價錢由4,000銖起，一般來説檢查完畢後，兩小時便會有結果。

INFO
地址：9/1, Convent Road, Silom
電話：02-022-0700；急症室：02-632-1000
營業時間：10am-9pm
網頁：www.bnhhospital.com

港客蒲點　**MAP 11-1/A2**　`04`

Center Point Massage & Spa

🚗 BTS Sala Daeng站1號出口，向馬路方向右行，過了基督教醫院後轉入小巷。

作為3間分店中最靚最大最豪的一間，位處Silom夜市附近，Mango Tree泰菜後面。整間Spa感覺似一個泰式藝術文化館，上下各層都擺放了很多泰式擺設。腳底按摩分2人、3人及5人房，泰式按摩房也有7人及2人之分，而Treatment房每間都有獨立噴射式沐浴或水力按摩缸。

INFO
地址：128/4-5 Silom Soi 6, Silom Road, Suriyawongse
電話：02-634-0341
營業時間：10am-12mn（last booking 11pm）
網頁：www.centerpointmassage.com

意大利餐廳　**MAP 11-1/C2**

Zanotti　`05`

🚗 BTS Sala Daeng站4號出口，面向馬路向右行，行到Saladaeng Road直入5分鐘，在左邊。

到Silom Sala Daeng Colonnade樓下的意大利餐廳Zanotti吃飯，發覺越來越多香港人光顧，原因是許多人都在網上義務推介，美味、價錢合理、環境也優雅。光顧前，宜預先訂位，避免摸門釘。

INFO
地址：21/2 1/F Saladaeng Colonnade, Silom
電話：02-636-0002
營業時間：11:30am-2pm；6pm-10pm
網頁：www.zanotti-ristorante.com

泰國無印 MAP 11-1/B2 06
Everyday Karmakamet

🚗🚌 BTS Sala Daeng站3號出口，在樓梯旁樓上。

　這個牌子在JJ Market和Central World都有香薰專門店，Central World 那間更有精美茶座，自己也是常客，名字就是Karmakamet。

　這店是Karmakamet的新店且走新路線，所賣的分為五大類：一是Clean，是洗頭水、沐浴露、毛巾等等洗漱用品；二是Work，文具、袋、相機袋也有；三是Care，為抱枕、頭飾、鞋襪、T恤等；四是Eat，內裡有小型咖啡店所飲的，沒有Central World 的那麼貴和多元化，走的是簡單路線，只有咖啡奶昔等。

INFO
地址：BTS Saladeang exit 3, Yada Building, Silom
電話：02-237-1148
營業時間：10am-10pm
網頁：www.everydaykmkm.com

中越式新Spa MAP 11-1/D3 07
Sook Sabai Health Massage

🚗🚌 BTS Sala Daeng站4號出口，面向馬路向右行，行到 Soi Sala Daeng 路口直行10分鐘，轉左直行過對面，但最好在Soi Sala Daeng 路口乘的士約5分鐘。

　　店內有十多間的Treatment房，每間房都設有淋浴的設施，地下主要做普通泰式按摩及按腳服務，而樓上則是做Body Treatment的樓層。店舖走法越式情懷，由地下門口至走廊多個地方，都具法越甚至法國風情的感覺。顧客可以在預定時間3小時前致電或預定服務同時請店家安排，他們可以在4號出口的 Silom Complex商場免費接載客人一同乘的士前往。

INFO
地址：23/13-14 YJA Building 3rd-4th floor,soi Saladeang 1, Silom
電話：02-637-5575
營業時間：10am-10:30pm
網頁：www.sooksabaispa.com

National Stadium
Sala Daeng
Chong Nonsi
Surasak
Saphan Taksin

九大搵食新發現　MAP 11-1/C2　08

Silom Complex

🚗🚌 BTS Sala Daeng站4號出口，有天橋連接。

　　商場樓高4層，暫時開放的為3層及地庫，裡面的店舖有五分之二和之前一樣，雖則有不少新店，但他們大部分都可以在其他地方找到，購物方面沒太大驚喜，反而飲食店較值得介紹。

INFO
地址：191 Silom Road, Silom, Bangrak
電話：02-632-1199
時間：10:30am-9pm
網頁：www.silomcomplex.net

紅酒伴靚扒　8a

Wine Connection

🚗🚌 BTS Chong Nonsi站3號出口即見。

　　地庫全層為食肆，最引人注目的是一間分為室內及室外的wine bar，亦是全商場裡環境最好及最優雅的一間餐廳，有紅酒及白酒出售，最特別之處是它全天都有早餐供應。如果你住在附近的酒店，又碰巧沒有早餐提供的話，任何時候都可來這裡叫一個早餐，而扒類價錢也不昂貴。

INFO
地址：B11-A and B11-B, 8/F
電話：02-231-3149
網頁：www.wineconnection.co.th

越開越多

Baanying Cafe & Meal `8b`

這店最初只賣簡單的火腿蛋飯給大學生，口碑好，便衝出 Siam Square 向多個商場進發，結果成功搶灘，食物除了有左下圖經典的學生蛋飯，更有一些略具創意的泰菜，價錢公道，但卻經常要等位。

INFO
地址：M/F
電話：02-231-3262

泰國最受歡迎甜品

After You `8c`

這間甜品店在 Siam Paragon 樓下也有分店，它可以說是一個奇蹟，每日有很多人來排隊，可能因為是本地品牌效應，所以才如此受歡迎，分店越開越多，任何時間都有許多客人排隊等位。

INFO
地址：2/F
電話：02-231-3255
營業時間：10am-10pm
網頁：www.afteryoudessertcafe.com

National Stadium

Sala Daeng

Chong Nonsi

Surasak

Saphan Taksin

至受歡迎泰國菜

Banana Leaf 8d

今日店舖比昔日舊舖地方更加大，所食的是他們較為特色的泰菜，包括：咖喱炒去殼蟹肉及檸檬雞等等，多款菜式更是只有這裡才有。價錢不貴，地方簡單乾淨，最適合吃個快餐後急急血拼！

INFO
地址：4/F
電話：02-231-3124
網頁：www.bananaleafthailand.com

百吃不厭

8e

Kyo Roll En

Kyo Roll En的甜品卻是百吃不厭，因為店家主打無人工添加物的甜點。賣相精緻，價格相宜，而且不時又有季節限定的特別造型甜點，特別一提，這家分店設有堂食，路過的不妨留意一下。

INFO
地址：8/F
電話：065-717-9010
時間：10am-9:30pm
(L.O. 9am)

老牌奶字號
Milk Land

作為泰國一家奶類產品的老字號，必需要與時並進，才可生存。除了生產日常飲用的牛奶之外，還製造各款奶類甜品，而且深受國人歡迎。這家分店專售雪糕和鮮奶刨冰/凍飲，行得累的話坐低食返杯充充電喔！

INFO
地址：2/F
電話：086-363-7599
時間：10am-10pm

打卡之王
Brown Cafe 8g

甜品除了美味之餘，也要顧及賣相及IGable。這家Brown本來主打台式奶茶和糕點，但最近由日本那邊引進一款新的mont blanc ice cream，將本來塗在waffle tart上的雪糕，用一台類似手動壓麵機，將雪糕壓成麵條般鋪在上面。

口味除了有經典的朱古力味外，還有綠茶和士多啤梨芝士選擇。甜度適中，味道香濃，賣相更是IGable。

INFO
地址：4/F　　電話：92-865-8895
營業時間：11pm-8:30pm
網頁：www.facebook.com/browndessert

越食越為食　**MAP 11-1/B3** 9

Eat Me Restaurant

///////////////////////////////////

BTS Sala Daeng站4號出口,

　　由來自澳洲的兩兄妹Darren和Cherie拍檔開設的Eat Me Art Restaurant, 一店兩用, 既是餐廳, 吃的是創意十足Fusion菜, 又是畫廊, 牆壁不時會更換泰國新晉藝術家的作品, 一邊享受口福之餘, 更一邊盡飽眼福, 看中的話並可買回家。

INFO
地址:20 metres off Convent Rd.（in Soi Pipat 2）, Silom
電話:02-238-0931
營業時間:3pm-1am（翌晨）
網頁:www.eatmerestaurant.com

11-10

輕鬆吹水不夜天

Heaven

///

🚕🚌 BTS Sala Daeng站4號出口徒步約5分鐘

Google Map

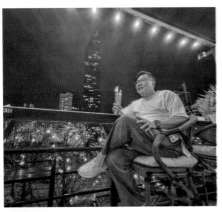

　　BTS Chong Nonsi 站附近有一個叫Silom plaza 的地方。疫情之前這裡有一家24小時營業的按摩Spa店，老闆正是一位定居泰國數十年的香港人——四哥。

　　由於整座建築物都是四哥名下物業，故在天台開設一家餐廳酒吧，疫情之下，酒吧重新裝修，雖然只是數層樓高，但總是 Silom 路上一間十分相宜的天台餐廳酒吧，有簡單泰菜亦都有酒水供應，沒有最低消費亦都沒有 dress code。星期五六日都坐滿人，無論遊客或本地人都喜歡來乘涼聊天。

　　早陣子四哥曾給我看從閉路電視擷取的照片：原來當日PSY到泰國演出之際，曾經由私人保鏢帶領之下微服到訪這裡，真的相當驚喜！

　　酒吧提供的泰菜，價錢相宜，所以說這裏是全曼谷最平的天台餐廳酒吧也不誇張，不過更加重要的就是飲醉了可以在酒店開房睡一覺，有冷氣有熱水有廁所浴室都只不過是千多銖左右喔！

INFO
地址：491/43-44 Silom Road Silom, Bangrak
電話：02-233-6666
時間：5pm-2am
網頁：www.facebook.com/heavenrooftopofficial

Chong Nonsi

Map 12-1
Chong Nonsi

A　　　B　　　C　　　D

N

AIA Tower

Surawong Rd.

Sala Daeng

Somboon Seafood

01

BTS Silom 線

Soi:6
Soi:8
Soi:4
Soi:2 Rd.
Soi:1

出1
出2

Convent Rd.

Pullman Bangkok Hotel G H

Silom Rd.

Soi:7
Soi:5
Soi:3

出1

Soi:9

Soi:11

Soi:13

05

出4

Holiday Inn Express Sathorn H

Soi Phiphat 2

Soi Sathorn 6

Soi Sathorn 6

Chong Nonsi (S3)

出2
出1

South

Pan Rd.

02

W Bangkok H

04

Soi:Sathorn 9

Soi:Sathorn 11

Soi:Sathorn 13

Empire Tower

Naradhiwas-Rajanagarindra 7

BTS Silom 線

Soi.Narahiswas Rajanagaranndra 4

Soi.Narahiswas Rajanagaranndra 4

Soi.Sathorn 15

1. Everyday Moo Krata　　　12-2
2. Maison Dunand　　　12-3
3. ZOOM Sky Bar & Restaurant　12-4
4. The House on Sathorn　　12-4
5. Le Du Wine Bar & Restaurant 12-5

PhiChai2

The Heritage Hotel H

Narad

Anatara Bangkok Sathorn H

03

Naradhiwas

BTS Chong Nonsi站3號出口往Silom Rd方向
徒步約3分鐘，當舖（藍色招牌）店旁。

一店兩制

Everyday Moo Krata

MAP 12-1/B2

01

　　不能夠説它精神分裂，但的確地舖 sell 咖啡，樓上主打燒豬肉，完全風馬牛不相及。不過有理無理，好飲好吃就是真理。日間就安靜品嚐美食，晚上就有當地人氣青春 live band 歌聲相伴，絕對貼地，氣氛一流。

　　特別推介豬肉片鍋（Moo=豬肉；Karta=鍋），店家用一個中央突起的淺鍋，四周盛著高湯「打邊爐」，由下方的炭爐加熱；中央則讓客人放上豬肉片烤熟，一鍋二用，風味甚佳。

INFO

地址：6 Naradhiwas Rajanagarindra Rd., Suriya Wong, Bang Rak
電話：095-724-4521　營業時間：Cafe 9am-6pm/ 燒豬肉 1:30-11:30pm
網頁：IG:everyday.bangkok

12-2

三星大廚

MAP 12-1/B3 `02`

Maison Dunand

///

🚗 BTS Chong Nonsi站1號出口徒步約5分鐘。

　　曼谷的文華東方酒店樓上，有一家很出名的西餐廳——Normandie，長期米芝蓮三星。據聞其大廚Chef Arnaud Dunand Sauthier近日被城中一位高人邀請出山「單飛」，開設這家Maison Dunand高級法菜餐廳，開業不久就取得米芝蓮一星，功力果然是「神仙放屁」——非同凡響！

INFO
地址：55 Soi Sueksa Witthaya, Silom
電話：065-639-0515
時間：5:30pm-9pm；星期六日12nn-2pm提供午餐
網頁：maisondunand.com

曼谷超輕鬆天台餐廳　**MAP 12-1/D5** 03

ZOOM Sky Bar & Restaurant

🚗🚌 BTS Chong Nonsi站2號出口轉乘的士約4分鐘。

餐廳可以看到的景是360度，坐的位置分為很多區，其中一區是望向Silom那邊，風景最靚，晚上放眼望去能看到一條長長的車道閃爍著黃色車燈，感覺像火龍一樣很漂亮。

餐廳的氣氛比較輕鬆，皆因沒有dress code，小朋友如有成人陪同都可以一併進入。主菜價格約700銖起錶，中等價位，算是物有所值。

INFO
地址：36 Narathiwat-Ratchanakarin Road
電話：02-210-9000
營業時間：5:30pm-1am
網頁：www.bangkok-sathorn.anantara.com/
　　　zoom-sky-bar-restaurant

優雅露天Aftenoon Tea　**MAP 12-1/C3** 04

The House on Sathorn

🚗🚌 BTS Chong Nonsi站1號出口穿過Sathorn Square商場，即見W酒店。

這間舊屋擁有百多年歷史，舊屋被接手之後，便成了W Hotel的新一部分。

大屋內裡很華麗很美，有The Dining Room、The Bar與The Courtyard，各有不同的特色。而在這裡的中心部分是一個露天花園餐廳The Courtyard，每日提供簡單的午餐，大約700至900銖便有兩個三國菜式，都算值得一試，而晚上亦有提供晚餐。

INFO
地址：106 North Sathorn Road
電話：02-344-4000
營業時間：12nn-10:30pm；Bar營業至 12mn
網頁：www.thehouseonsathorn.com

W酒店附近的相宜fusion set dinner

MAP 12-1/C2 `05`

Le Du Wine Bar & Restaurant

BTS Chong Nonsi站4號口出，落到地面，面向馬路朝右行，路口見到
7-11轉入便會見到。

　　W酒店的位置在Sathorn區，Chong Nonsi BTS站附近，不少住在這間酒店的朋友都想找一些價廉物美的餐廳，Le Du是其中一家值得一試的餐廳。

　　餐廳只做晚市，提供fusion泰菜，他們的廚師早年曾在美國的米芝蓮餐廳幫手，所以烹調方式也有其獨特風格，menu每三個月更換一次，每碟菜上枱的賣相都各有不同，希望能夠提供新鮮感給大家。

　　以fusion菜來説，900銖的價格不算很貴，餐廳位置也很好，食物水準盡量保留了泰國菜的特色和味道。

INFO
地址：399/3 Silom Soi 7, Bangrak
電話：092-919-9969
時間：星期一至六6:00pm-11:00pm（星期日休息）
網頁：www.ledubkk.com

Map 13-1
Surasak

A

B

C

D

N

1. Soi Wat Khaek 13-2
2. Wat Khaek 13-2
3. 印度神佛店 13-2
4. 中印尼齋店 13-2
5. DK Bakery 13-3
6. Health Land（Sathorn） 13-3
7. Blue Elephant Bangkok 13-4
8. Divana Virtue Spa 13-4
9. The Roof @ 38th Bar 13-5

Surawor

1

Silom Rd.

2

Soi 9

Soi 11

Soi 13

Pan Rd.

Mahesak Rd.

Soi 2

Soi 49

Silom Rd.

01

02

03

04

05

3

H Holiday Inn Silom

Soi 19

Pramuan Rd.

Soi silo m 21

H Le Bua State Tower

08

06

Si Wiang Rd.

BTS Silom 線

Soi Sathon 11

Soi Sathon 13

Soi Sathon 9

4

09

H Mode Sathron

Surasak Rd.

Soi Charatwiang

出3

出1

Surasak (S5)

出4

07

出2

Soi Sathon 15

Silom 線

5

~ Soi Wat Khaek ~

另類發現　**MAP 13-1/C3** `01`

Soi Wat Khaek

🚗🚌 3號出口乘的士，約8分鐘車程，或可從 Silom Complex門口乘的士，約10分鐘。

Thanon Pan——當地人稱之為Soi Wat Khaek（Soi 屈劇），即是Soi印度廟。不少行家都只知道這是全國出名的印度廟，但其實整條巷也甚有特色，當中包括：

INFO
地址：Pan Road, Silom Road, Bangkok
電話：02-238-4007

印度廟　**MAP 13-1/C3**

Wat Khaek `02`

　　1879年由當地的印度人所建，內裡供奉了印度女神、印度象神、四面神及一些泰式的神佛，而裝修設計甚有印度色彩。廟內可以求籤，但不准拍攝。

INFO
地址：On the corner of Silom-Pun Road
電話：02-238-4007
營業時間：6am-8pm

Soi Wat Khaek 巷上

印度神佛店 `03`

MAP 13-1/C3

　　巷中花檔賣的花串與一般花檔的不一樣，因為這裡的花串供奉的是印度神，非泰國神。而附近亦有專賣印度佛像的店舖，並稱佛像已開光。

INFO
營業時間：11am-8pm

fusion 齋菜　**MAP 13-1/C3**

中印尼齋店 `04`

　　在廟巷頭，有不同的齋菜店，全年無休，清一色賣齋菜。中式齋飯、麵食、印度齋菜及尼泊爾齋菜均有售賣，而且價錢相宜。

INFO
營業時間：10am-8pm

香香小食　**MAP 13-1/C3**

DK Bakery 05

/////////////////////////

這間歷史悠久的麵包店在這區很著名，每次經過都會嗅到陣陣麵包香味，最著名是牛油曲奇餅和杯裝咖央醬。

INFO

營業時間：8am-8pm

曼谷人*愛按摩*

Health Land（Sathorn）　**MAP 13-1/D4** 06

///

🚗🚕 3號出口，面向馬路轉左直行約10分鐘。

在曼谷已有3間分店 的 Health Land，-Sathorn分店是3層樓高的小別墅，擁有過百間房及按摩師。按摩價錢比遊客區便宜，但因實在太多本地人光顧，很多時候就算約好時間，也要耐心等待，切勿太介意服務態度一般。

INFO

地址：120 North Sathorn Rd., Silom
電話：02-637-8883
營業時間：9am-12mn
網頁：www.healthlandspa.com

National Stadium
Sala Daeng
Chong Nonsi
Surasak
Saphan Taksin

一「象」三用 **MAP 13-1/B4** 07

Blue Elephant Bangkok

🚗🚌 2號出口，在車站旁邊。

位於一間古舊大屋裡的 Blue Elephant Bangkok，地下是吃泰菜的餐廳，裝修極富泰國色彩。不吃飯，只到2/F 法式酒吧也可以。

3/F 用作泰菜班，課程分上、下午班授課，以英語為主，但要早一天報名。

INFO
地址：233 South Sathorn Road, Kwaeng Yannawa, Khet Sathorn
電話：02-673-9353
營業時間：11:30am-2:30pm、6pm-10:30pm
網頁：www.blueelephant.com/bangkok

又一美麗Spa Divana **MAP 13-1/B4**

Divana Virtue Spa 08

🚗🚌 3號出口，面向馬路往左行至路口轉入，直行至第一個路口，轉左入行約5分鐘。

這裡是花園式的 Spa，暫時分了兩部分，大屋是 reception 及小客廳，樓上是 Spa 房，之後旁邊有小水池，池邊有4間 Spa Villa，與之前其他分店不同，這裡每間都有自己的浴缸和獨立廁所，不假外求，大屋及房間設計很有小英倫感覺。店內有特別的新 Treatment，包括用鮮芒果做 body scrub，再加香檳沖身。

INFO
地址：10 Srivieng Silom, Bangrak
電話：02-236-6788
營業時間：11am-11pm（星期六日10am開店，Last booking 9pm）
網頁：www.divanaspa.com/VirtueSpa

National
Stadium

Sala Daeng

Chong Nonsi

Surasak

Saphan Taksin

曼谷新360度自轉露天酒吧 **MAP 13-1/B4**

The Roof @ 38th Bar 09

The Roof @ 38th Bar 設 在 Mode Sathon 酒 店 上 層37樓，跟住上去就會見到他們的360度自轉露天餐廳和酒吧，所謂自轉是自己行去轉，不是電動轉。如果你是酒店的住客，則可享受較為寬鬆的 Dress code，背心短褲拖鞋也能夠進場；如果你是外來客人的話就要著得嚴謹一些。

INFO

地址：144 North Sathorn Road, Silom
電話：02-623-4555
營業時間：5pm-1am（翌晨）（L.O. for food 11:30pm；for drinks
　　　　　12:30am）
網頁：www.modesathorn.com/gastronomy

A
B
C
D

N

Map 14-1
Saphan Taksin

1

2

River City

03

Soi:28

Soi

Royal
Orchid
Sheraton
H

N3
Tha Si Phraya

Charoen Krung Rd.

Mahesak Rd.

ICON Siam

N2
Tha Wat
Muang Khae

10

MRT Gold Line
Charoen Nakhon
Station

Soi:36

Soi:2

Silom F
3

Mandarin Oriental
H   08
Soi:40

N1
Tha Oriental

02
H Peninsula

Soi:49

Novotel
Fenix
H 07

04

Soi:silom 21

Holiday Inn Silo
H

Soi:19

Soi:42/1

01 Le Bua State Tower

H

Si Wa
4

Shangria-la H

Soi:44

Soi:46

Surarsak Rd.

Soi Charatwiang

Robinson

Soi Charatwiang

Charoen
Wiang Rd.

06

出1

Saphan Taksin (S6)
出2

出3

Central
Pier

出4

BTS Silom線

Surasa

出1

出2

Soi:52

09

5

客似雲來一門五傑 **MAP 14-1/C4** 01

Lebua at State Tower

🚗🚌 BTS Saphan Taksin站3號出口，面對大馬路向左走，過了Robinson百貨再直走約10分鐘過馬路，就在警崗旁。

人氣旺盛的Lebua，頂層63/F及64/F的Sirocco、Distil和Mezzaluna固然越來越多訪客，加上Breeze和State Room，更是越戰越勇，星級的酒店房間，可謂一門五傑。

來Sirocco等餐廳宜注意衣著打扮，拖鞋短褲免問，手持數大袋購物膠袋亦不歡迎。而且要預早訂位，否則分分鐘白行一趟。

如的士司機不知道Lebua at State Tower在哪裡，必要時可對司機説：「幣弄扮略閃」（去「略閃」醫院），因醫院就在Lebua at State Tower旁邊。

INFO
地址：1055 Silom Road, Bangrak
電話：02-624-9999
網頁：www.lebua.com/state-tower

INFO
地址：63/F
電話：02-624-9555
營業時間：6pm-1am

坐擁無敵靚景

Sirocco
1a

餐廳吃的是地中海菜，無遮無掩，一望無際殺死人無敵靚景，已是遊客必到之選。餐飲區消費不菲，但氣氛一流；若只想飲番杯，可站在Sky Bar也可以看到美景，但只供站立，沒有座位。曼谷6至10月是雨季，晚上如訂位後因天雨關係，會轉移往Breeze晚膳。

一覽無遺歎意菜

Mezzaluna

1b

更上一層樓，是全落地玻璃的意大利餐廳 Mezzaluna，貫徹 Sirocco 的無敵全景優勢，1至7號桌全部景致開揚，環境舒服，每晚更有小樂隊伴奏。

INFO
地址：65/F
電話：02-624-9555
營業時間：6pm-1am（L.O. 10pm；逢星期一休息）

1c

高人一等

Breeze

曾舉辦100萬銖一餐泰門夜宴的 Breeze 坐落於51/F，但一樣有超無敵夜景附送（想坐靚景位，便要於訂位時，指定坐擁有無敵景觀的1-5號枱），除了分室外和室內，更有天橋、瀑布。Breeze 高兩層，加上華麗的布置，比 Sirocco 更吸引，食物則與 Sirocco 不同，主力供應亞洲式海鮮。

INFO
地址：51/F & 52/F
電話：02-624-9555
營業時間：6pm-12mn（L.O. 11pm）

日夜也是醉人

Distil Bar

1d

比 Sirocco 較 free，提供各式美食之餘，就算點一杯 Cocktail 皆可，因此消費也較低。有戶外露天大梳化及室內兩個地帶，同樣是全城靚景所在，可俯望昭拍耶河全貌，環境、氣氛都不輸蝕。酒不醉人人自醉。

INFO
地址：64/F
電話：02-624-9555
營業時間：5pm-1am（翌晨））

貴氣洋洋

MAP 14-1/A4 `02`

The Peninsula Bangkok

🚗🚌 3號出口,乘的士約8分鐘。或乘BTS在Saphan Taksin站下車,往碼頭找店船專用碼頭,可免費搭船過河去半島,5分鐘便到。
Google map : 13.723022,100.511405

貴氣,肯定是曼谷半島酒店的強項。每間房都有私人HiFi、Fax機,而且起碼有6部電話。最誇張是沖涼缸旁有Hand-free的電話,按掣便可通話,套房有靚景水力按摩池、私人健身室及私家書房。如此設備,其他同級酒店亦少見。長形泳池很有resort feel,予人私人空間感。

INFO
地址:333 Charoennakorn Road, Klongsan
電話:02-020-2888
網頁:bangkok.peninsula.com

曼谷最大酒店Spa

`2a`

The Peninsula Spa

The Peninsula Spa與香港半島酒店一樣,都是交由ESPA管理,以保質素及水準。重建了一幢3層小屋,18間treatment房,竟有升降機,大過所有三、四、五星級酒店spa。甫進入3層樓的Spa大屋,一字排開燈籠陣已有氣勢,上一層樓梯旁全是清邁運來的紅磚。2/F是treatment房有2個休憩地帶,供客人做完spa後休息,並可戴headphone聽音樂。而3/F則是4間有私家浴缸的套房,其中2間可在浴缸看到河景。

INFO
電話:02-6267946

Chao Phraya上的玫瑰皇冠

Holy Rosary教堂（Kalawar Church）

MAP 14-1/B1 `03`

地點靠近唐人街可坐地鐵在Hua Lumphong站出再轉的士或在BTS Saphan Taksin站坐Chao Phraya river boat到(N3) Si Phraya Pier碼頭再行約10分鐘。

過去教堂兩次重建，現在採用的是奶白色結構，樓底很高，頂部呈尖塔形。聖母瑪利亞的雕像聳立在主入口拱門的上方，凝視著遠方。

從Saphan Taksin BTS站坐船往大皇宮之時右手邊會見到一座歐洲式教堂，原來大有來頭！話説葡萄牙人在曼谷建都四年後的1786年，從一世皇手上得到土地，建了此曼谷的老教堂Holy Rosary Church。和Santa Cruz Church一樣，他們都是沿著Chao Phraya而建，此時的Holy Rosary教堂為曼谷銀行。

這個天主教教堂的曾用名是Kalawario，意為耶穌被釘死於十字架上的地方，隨後被改為Kalawar。Rosary，是拉丁文玫瑰花園的意思，玫瑰被認為是花的皇后，所以才選擇用此來作教堂之名。每晚7時泰文彌撒，每逢星期日早上10時有中文彌撒。

地址：Thanon Yotha, Talad Noi
電話：02-266-4849
營業時間：8am-7:30pm

全泰著名的地道豬手

Kha Moo Charoen 04

//////////// MAP 14-1/C3

🚗 BTS Saphan Taksin站3號出口，在Le Bua Hotel對面Silk Hotel旁的小巷之中。

如果敢説這家豬手飯是泰國第二好味的話，相信沒有其他店家夠膽認第一。這家開業近70年的餐廳，不賣裝修，只賣味道，加上米芝連的榮譽，必定要花點時間來試試。

店家會將豬手和白飯分開端上，撈汁多少，悉隨尊便；桌上更提供特製酸辣醬，吃得更過癮。有網友表示試過10:30am到店，但店家表示豬腳仔已經售罄。

INFO
地址：Silom Cow Ka Moo
電話：02-234-4602
營業時間：8:30am-1:30pm

路邊高級鱸魚粥 **MAP 14-12** 05

Khao Tom Pla Kimpo

////////////////////////

🚗 BTS Saphan Taksin站3號出口，在Robinson百貨過馬路到另一邊乘的士，直去10分鐘，Chatrium Hotel Riverside Bangkok對面。

在往Asiatique夜市途中的左邊有間數十年的老店，店主是個潮州老華僑，賣的是泰式魚粥。粥的味道較像潮州粥，由經煮近8小時的鱸魚湯來灼熟食材，即叫即煮，份量十足，原來店主每天都會引入新鮮的大鱸魚，然後斬件煮湯。

INFO
地址：1897, Charoenkrong Road, Wat Phraya Road, Bangkholame
電話：02-675-2598
營業時間：6pm-12mn

去Asiatique夜市前必食 **MAP 14-1/C5**

「美國麵」Mee Krob 06

///////////////////////////////

🚗🚌 BTS Saphan Taksin站3號出口，過對面馬路便是。

首先解釋，「美國麵」並非指麵條來自美國，而是泰國的 Mee Krob，指的是炸得好脆的麵條。

這間在 BTS Sphan Taksin 站旁 Robinson百貨對面名為「興」的小店，店主是潮州人，店名有富貴富有之意。這裡的麵其實很多地方都有，但較易去的是 Sphan Taksin 這間，且較好味。如果大家去 Asiaqtiue 夜市的話，可以上船前在此試試。

รายการอาหาร

ราดหน้า เส้นหมี่ เส้นใหญ่	40	木箱一醸豬肉粉湯	40
ราดหน้าใส่ไข่	50	米粉一醸豬肉粉湯	50
ผัดซีอิ๊วใส่ไข่ เส้นหมี่ เส้นใหญ่	50	醬油炒肉醸一醸豬肉下蛋	50
หมี่กรอบราดหน้า	50	脆米條醸豬肉粉湯	50
หมี่กรอบราดหน้าใส่ไข่	60	脆米條醸豬肉下蛋	60
เกาเหลาราดหน้า	50	大腸脆豬肉湯	50

รับจัดเลี้ยงนอกสถานที่
ติดต่อ 02-234-5226
092-814-7335

📍 **地址**：Charoenkrung Road opposite Soi Charoenkrung 50（Robinson Bangrak）
電話：02-234-5226
營業時間：10am-8:30pm

Silom區回到舊中華地下鐵寶 07

Maggie Choo

///////////////////////////////

MAP 14-1/D3

🚗🚌 BTS Saphan Taksin站3號出口徒步約5分鐘至Lebua at State Tower，餐廳在斜對面的Novotel酒店下面。

這間夜蒲店健康過健康，因為裡面有不少場景供大家影相留念。從酒店旁的樓梯直落即見食店，主打中式粉麵飯，200銖左右起。食店旁有一間大型Pub，表演主題每晚不同，包括中性人表演、樂隊表演等等。要留意，短褲拖鞋不能入場。

📍 **地址**：Underground of Hotel Bangkok Fenix Silom, 320 Silom, Bangrak
電話：091-772-2144
營業時間：7:30pm-2am（翌晨）；星期五六至3am
網頁：www.facebook.com/maggiechoos

~ *Mandarin Oriental Bangkok* ~

精選餐廳@曼谷文華東方酒店

甜品的藝術　　**MAP 14-1/B3**

Le Normandie

BTS Saphan Taksin站3號出口轉乘的士約4分鐘。

　　愛到文華東方頂樓的「諾曼第」食午餐不是因為平（真的不太便宜，每位千多銖），而是欣賞他們午餐後送上的甜品。套餐後會提供兩件甜品，受過專業訓練的侍應在放了蛋糕的碟上花3、5分鐘便畫了一幅小畫，是整個午餐中最有特色的地方。但大家記緊背心、無領T-shirt、短褲、拖鞋、波鞋都不可進入。

INFO
地址：48 Oriental Avenue
電話：02-659-9000 ext 7399
營業時間：12nn-2pm；7pm-10pm（星期日休息）
網頁：www.mandarinoriental.com/bangkok/
chao-phraya-river/fine-dining/restaurants/
french-cuisine/le-normandie

以茶會友

Afternoon Tea Authors' Lounge

Afternoon Tea 以茶為主，這裡有10種從法國入口的茶葉供選擇，和其他酒店的茶包茶不同，落order後也要等一會才有。

　　Tea Set方面分了傳統西式及東方泰式兩種。而提供Afternoon Tea的Authors Lounge，其實也可以說是一個五世皇紀念館，入面的設計也是泰國五世皇時代的白木式主題，人客亦可選擇於The Trophy Room之內進食。供應時間為每日11am至6pm，星期日則改在樓上的「諾曼第」法國餐廳舉行。

INFO
地址：48 Oriental Avenue
電話：02-659-9000 ext 7390
營業時間：11am-7pm；下午茶12nn-5:30pm
網頁：www.mandarinoriental.com/bangkok/fine-din-
ing/authors-lounge

陸上行舟曼谷古老龍船寺 **MAP 14-1/B5**

Wat Yannawa `09`

BTS Saphan Taksin站4號出口，面向馬路向右行5分鐘在旁邊。

泰國華僑對泰國做出的貢獻可謂多不勝數，最大的建設之一是開拓了中泰間的海上經商之路，三世皇為了讚揚華僑的貢獻，將一間在現時 Sphan Taksin BTS 站旁的皇家佛寺改建為龍船寺。

廟內供奉不少的舍利塔，舍利塔內寄存仙遊僧侶火葬經燃燒不碳化的晶體，傳說這些小晶體會不斷生長，而高僧的舍利會化成透明的水晶。

INFO
地址：1648 Thanon Charoen Krung. Area Bangrak & Riverside, Saphan Taksin BTS
電話：02-672-3216　　　　營業時間：8:20am-9pm

不易暈浪船河夜宴 **MAP 14-1/A2** `10`

Chao Phraya Princess

BTS Charoen Nakhon站（金色線）前往 ICON Siam 碼頭上船。

相對其他船公司來說，他們的價錢較平，而且更有「遲到」服務，如果人客遲到，他們的大船在8時開走後，仍會有員工在碼頭守候。人客一旦到來，便會用小船接人客出河會合大船，十分有心。此外，船上下兩層的地面都是由雲石鋪砌，重量令船身顯得平穩，人客不易暈浪。每晚7:30pm 在 ICON Siam 碼頭出發，沿昭伯耶河來回往返，讓遊客欣賞河岸兩邊的夜景，9:30pm回程。

INFO
上船點：ICON Siam Pier出發
電話：02-860-3700
網頁：www.thaicruise.com

最新最大曼谷河邊夜市 **MAP 14-12** 11

Asiatique The Riverfront

 BTS Saphan Taksin站2號出口行往碼頭，每天下午5時起有免費船接送遊客來往，船程約10分鐘。或在3號出口過對面馬路轉乘的士約8分鐘。

位於曼谷Charoen Krung路的河邊夜市Asiatique，作為亞洲區最大的夜市，擁有全泰國最長的河邊直路作碼頭用。人客可以傍晚時分在Saphan Taksin坐船，每天下午4時起每15分鐘一班船免費送人客去夜市；尾班船11:30pm，回程也是每15分鐘一班。這個夜市的主題是懷舊仿古，店舖坐落在仿古舊貨倉裡。夜市佔地相當大，貨倉式設計，有瓦遮頭。

INFO

地址： 2194 Charoenkrung Road, Wat Phrayakrai District, Bangkor Laem

電話： 092-246-0812 （4pm-10pm）
02-108-4488 （10am-6pm）

營業時間： 4pm-12mn

網頁： www.asiatiquethailand.com

MAP 14-12
Asiatique

金碧輝煌禮佛地 **12**

大皇宮 MAP14-14/B3

🚗 MRT Sanam Chai 站1號出口徒步約8分鐘。

　　大部分旅客初到曼谷都會用半日聯遊湄南河東岸的大皇宮（Grand Palace），它建於1782年，仿照故都大城的舊皇宮而建，匯集泰國建築、繪畫及雕刻藝術的精髓。曼谷皇朝一至八世國王均居住於此，擴建後現有28座布局錯落有致的古建築群，其中4座主建築曾是曼谷皇朝歷代泰皇加冕、議政和居住的地方，總面積約218,400平方米，分為外宮和內苑。

　　現時除舉行加冕典禮、宮廷慶祝等儀式和活動外，平時外宮仍對外開放。最值得參觀是3層高主殿節基殿（Hakri Maha Prasad）、大皇宮最先建造的律實宮（Dusit Maha Prasad）和阿瑪林殿；至於內苑武隆碧曼宮一般不開放參觀，只能在外面跟「泰版御林軍」拍照留念。

INFO
地址：Na Phra Lan Rd, Maharaj Pier, next to Wat Phra Kaeo Temple Complex
電話：02-623-5500 ext 1124或3100
營業時間：每天8:30am-3:30pm（遇到皇室典禮不開放）
入場費：500銖/位
網頁：www.royalgrandpalace.th/en/home

Map 14-14
Grand Palace

A **B** **C** **D**

1

2

3

4

5

N

N9
Tha Chang

N8
Tha Thien

大皇宮入口

臥佛寺入口

Khun Mae Pueak Ferry Pier

Maha Rat Rd

Na Phra Lan Rd

Ratchadan

Sanam Chai Rd

Saranrom Alley

Thai Wang Alley

Chetuphon Rd

Kalayana Maitn Rd

Bunsiri Rd

Atsadang

Rachini Alley

Phraeng Nara Rd

Bamru

21

Phra Phiphit Rd

Rachini Alley

Sanam Chai

出1 出2 出3

Saphan Taksin

曼谷最大臥佛
臥佛寺 13
MAP14-14/C4

臥佛寺（Wat Pho）位於大皇宮的南面，建於1793年，佛塔規模及佛像數量均居曼谷佛寺之首，故此又稱「萬佛寺」，是拉瑪一世時期的建築物，也是曼谷最老和最大的寺院。佔地80,000平方米，分成佛堂、僧舍和佛塔三大部分。最著名是全長46米、身高15米的臥佛，臥佛的足掌長度已達5米，幾乎佔了整個殿堂的釋迦牟尼慈悲為懷佛悠然躺臥在佛壇上，不忘普渡眾生為己任；殿內四壁有巨幅壁畫，以釋迦牟尼的一生為主題；鑲嵌貝殼刻成的108個吉祥圖，非常精緻，蘊含回頭是岸的佛理。

🚌 MRT Sanam Chai 站1號出口徒步約5分鐘。

INFO
地址：Sanam Chai road and Maharaj road next to the Grand Palace
電話：02-226-0335
營業時間：8am-6:30pm
入場費：100銖/位
網頁：www.watpho.com

臥佛寺鬆一鬆 **MAP14-14/B5** `14` 🚗🚌 臥佛寺後方

Wat Po Thai Traditional Massage School

臥佛寺除禮佛外，更有泰式按摩服務，技師手勢正宗，在臥佛寺享用按摩，原有的按摩學校雖已遷往他處，不過技師仍是由該校剛受訓完畢派來實習的。注意遊客先要付50銖參觀臥佛寺的入場費。由於沒有私家房和冷氣，建議12月至2月來會較舒服。

INFO
地址：392 / 33-34 Soi Phenphat 1 Road, Maharaj Road,
電話：02-622-3533
營業時間：8am-5pm
網頁：www.watpomassage.com

黎明在此開始 `15`

鄭王廟 **MAP14-14/A5**

🚗🚌 Tha Tian (N8) 碼頭乘渡河船過對岸。

湄南河西岸在大城皇朝有座瑪喀寺，現時在玉佛寺的玉佛便曾在此供奉，及後為紀念率軍驅逐緬甸敵人並建立吞武里皇朝的華裔泰皇鄭昭，重修此寺並改名鄭王廟（Wat Arun）。

位於4個小塔正中高79米的拍攀寶塔，始建於1842年，外面裝飾主要是以複雜的雕刻，並鑲嵌彩色陶瓷片、玻璃和貝殼，是泰國最大的大乘塔；周圍尚有4座與之呼應的陪塔，形成一組龐大而美麗的塔群。每日晨曦之際，塔尖發出光芒直插雲霄，人們有感這裡是一天首先接觸陽光的地方，故此又被稱為黎明寺。

INFO
地址：Wat Arun Ratchawararam is located on the west side of Chao Phaya River No. 34, Arun Amarin Road, Kwang Wat Arun
電話：02-465-5640　營業時間：8:30am-5:30pm
入場費：100銖/位　網頁：www.tourismthailand.org/Attraction/phraprang-wat-arun-ratchawararam-ratchawora-mahawi

黎明在此開始

The City Pillar Shrine

MRT Sanam Chai 站1號出口徒步約9分鐘。

MAP14-14/C2 16

這間香火鼎盛的小屋，內有多具佛像，主角是放在神壇前一具約2呎高的銅製「托佛」，神奇之處是隨時有不同重量，不同的人托起它，都會感受到不同的重量。當善信詢問任何問題時，「托佛」便會透過重量的輕重來答覆對方，相當不可思議。

除有得托佛問前程，原來還信奉兩條柱，泰國人稱為「國柱」，遇上解決不到的煩事，也會去求拜國柱。他們會以鮮花、香燭、蓮花、花環供奉，以彩色絲巾綁在「國柱」後，再入大殿跪拜。

INFO
地址：Nhaphralan Road, Sanamluang
營業時間：7am-6pm

MRT Sanam Chai 站1號出口徒步約9分鐘。

正宗迷彩用品 **MAP14-14/D2** 17

Atsadang Road

軍人用品街在大皇宮附近的Atsadang Road，集合十多間軍用品店舖，海、陸、空軍用品種類很繁多，由軍刀、軍靴、褲至大軍袋都有，而且全是正貨。由於不是旅遊點，貨品並非遊客價，比翟道翟還要平。而且此條街亦有一些樂器店，可見曼谷也有不少Rock & Roll搖滾fans。

INFO
地址：Atsadang Road, Phranakorn

Saphan Taksin

泰好資訊　**MAP14-14/C5** 18

Museum of Siam

🚗🚇 MRT Sanam Chai 站1號出口即達。

　　遊客們到曼谷去大皇宮參觀外，最多再參觀一個臥佛寺就會離開，但其實Museum of Siam也值得參觀。由六世皇近百年前的古屋改建而成，分了3層，共有17間房。每間房有圖文並茂的英文解說泰國的由來，一些冷知識，甚至互動遊戲，電視片段。資訊豐富，如果你是個真正的Thailand Fans一定會喜歡。

　　而且館內更歡迎拍照，你可坐在篤篤車內扮司機、或在60年代的古董車內扮有型、坐在主持台上充當第4台的新聞報道員。娛樂資訊兼備，甚有參觀價值。

INFO

地址：4 Sanamchai Road, Phranakorn, Phrabarommaharachawong
電話：02-225-2777
營業時間：10am-6pm（星期一休館）
入場費：100銖/位
網頁：www.museumsiam.org

MRT Sanam Chai 站1號出口徒步約5分鐘。

鮮為人知的河邊餐廳

MAP14-14/B4

Eat Sight Story 19

　　在臥佛寺前面有很多間享有河景的河邊餐廳，食物價錢不貴，對著鄭王廟 Wat Arun。

　　這間所介紹的餐廳是一層式建築物，分冷氣區和非冷氣區，均可以看到河景。餐廳樓上雖然沒酒店，但他正是另一間酒店 Arun Residence 所屬的餐廳，是這區一眾河邊餐廳中唯一一間較為高檔而又不是在酒店之內的餐廳。

　　這裡旁邊的這間酒店 Sala lada nakotsin，也有一間露天河景餐廳，所提供的是泰菜，Sala 旁亦有一間小酒店當中都有河邊餐廳。3間河邊餐廳聚在一起，大家可以先去大皇宮、臥佛寺參觀，傍晚時分再到餐廳趁著 magic hour 用膳。

INFO

地址：End of Soi Tha Tien, Maha Rat Road
電話：02-622-2163　營業時間：11am-10pm
網頁：www.facebook.com/ESSDeck

大皇宮附近最美麗餐廳

Sala Rattanakosin

///////////////// **MAP14-14/B4** 20

🚗🚕 MRT Sanam Chai 站1號出口徒步約5分鐘。

　　大皇宮後 Wat Pho 臥佛寺對面有幾間 local 小酒店，酒店內都有小型餐廳，但説到環境最好的就是這間剛剛新開張 Sala 酒店內的餐廳。

　　酒店的地下、1樓、天台都有餐廳，而在1樓的這間可以説是整個區內最美麗最好的一間，為何這麼説？因為它面向鄭王廟，而且落地大玻璃內有冷氣。

　　餐廳除了有午餐和晚餐供應外，遲些可能會推出 Afternoon Tea，在這裡飲杯咖啡食件餅，看看泰國鄭王廟的景色，相當歡愉，景色一流，尤其是傍晚 magic hour 之後，鄭王廟會燈火通明一直到凌晨5點。無論是住在這裡或是來食飯，都可以欣賞到這般景色。

　　來這裡的方法很簡單，這間酒店在 Tha Chang 和 Tha Tien 碼頭附近，如果在 Spahan Taksin 坐船到酒店的話只是幾個站。另一種辦法是，大家行完大皇宮後，想食個冷氣餐和欣賞鄭王廟的環境的話，這裡最適合不過。

INFO
地址：39 Maharat Road, Rattanakosin Island
電話：02-622-1388
營業時間：11am-9pm
網頁：www.salaresorts.com/rattanakosin

14-18

佛具一條街

佛光街 **21**

MAP14-14/D2

Tha Chang（N9）碼頭轉乘篤篤或的士前往Wat Suthat Thepwararam Ratchaworamahawihan，佛具用品店在Bamrung Muang Road。

從上文的軍街再落一條街就是這佛光街，整條街所賣的全是與拜神禮佛有關，由未開光的大小佛像至各款木製神壇，又或者佛經CD與和尚用品都有。要買佛具用品便可到來，事實不少出家人及他們的信徒都會在此Shopping。

INFO 地址：Bamrung Muang Rd, opposite to Wat Suthat

去海軍重地Shopping飲咖啡 **MAP14-14/A2** **22**

Navy Wives Association Shop

MRT Sanam Chai 站1號出口徒步約9分鐘。

在曼谷大皇宮附近有一個叫Tha Chang的碼頭，旁邊有個小賣店，其實是泰國海軍太太組織起來的福利中心。中心內有不少的海軍產品賣，包括小型公仔、貼紙、海軍軍章、雨傘、海軍軍歌CD。

如果你是海軍fans，在大皇宮、臥佛寺參觀完可以去這裡Shopping及休息一下，是個過冷河的好地方。

INFO 地址：77 Maharaj Road, Grand Palace, Khwaeng Phra Borom Maha Ratcha-wang（Next to Tha Chang Pier, Maha Ratchawang Road）
電話：02-623-5551
營業時間：8am-5pm（星期六日10am開店）

MAP 15-2/C1

Hua Lamphong

Lumphini

食在1962年
Zong Ter松德

01

🚗🚌 MRT Wat Mangkok站3號出口，直出見Charoen Krung Soi 16 即見松德的招牌。

　　唐人街近年都出現翻天覆地的變化，特別是飲食方面。由昔日掃街mode，漸漸「升級」，真正入屋，而且還可以坐得舒舒服服——今次介紹的正是由老店翻新，重新出發的中式點心cafe「Zong Ter松德」。

　　店家地點就在龍蓮寺站旁邊的一條小巷內，這條巷全是雜貨攤檔菜檔等，巷子本身十分好找，但茶室要花點眼力。原來舊樓昔日是間貿易公司，今日改建成餐廳。食物有中式點心、茶飲、餃類、炸饅頭等等，亦有正餐滷水雞牌飯等。

INFO
地址：111 Soi Charoen Krung 16
電話：02-222-4490
營業時間：9am-6:30pm
網頁：www.facebook.com/zongter1962

Map 15-2
Hua Lamphong

E　　　F　　　G　　　H

1

2

曼谷火車站

3

12

02

出3

MRT地鐵
Hua Lamphong

05

03

4

Charoen Krung Road

曼谷火車站 **MAP 15-2/H3** `02`

Hua Lamphong Train Station

🚗 MRT Hua Lamphong站4號出口，向 Bangkok Centre Hotel 方向徒步約2分鐘。

　　泰國火車網絡完善，除了布吉島外，差不多每個地方都可到達。火車內有冷氣頭等座位，有些更有床位給你休息。大堂內什麼商店也有，如食肆、電腦店等，應有盡有。

INFO
地址：Rama 4 Road, Hua lamphong
電話：02-236-1772
營業時間：5pm-12:30mn

🚗 MRT Hua Lamphong站1號出口，面向馬路向左直行，橫過馬路後見內街馬路直入，金佛寺就在右邊。

重新興建

金佛寺 **MAP 15-2/F4** `03`

　　金佛寺，泰文讀法是「屈帝meet」，內藏的金佛是全球最大和最貴的。2010年重修之後的金佛寺比以前更靚、更大。金佛搬了上佛寺最頂部，上寺頂參拜要除鞋，廟內不可燒香，環境清新。而且增設一個金佛寺博物館，由當年如何發現金佛至現在金佛搬到新的地方，資料詳盡，值得一看。

INFO
地址：Thanon Mittaphap Thai-China, Talat Noi, Samphanthawong
營業時間：8am-5pm（逢週一休息）

唐人街海鮮大餐

MAP 15-2/D3　04

Seafood Cafe & Restaurant

MRT Wat Mangkok站1號出口，轉右直行至至Phadung Road，沿此行過Yaowarat Road街口不久即見。

店家算是唐人街之上，少數有冷氣提供的海鮮餐廳，配上all you can eat（自助餐）的安排，最適合大夥兒「行到劫」然後去「擦餐勁」。

當然，如果大家不是大胃王，也可以單點，大大隻河蝦650銖、5隻蒜蓉焗扇貝只是220銖，本地正常價格，不會吃到你窮的。

INFO
地址：51/1-2 Phadungdao Road　電話：093-423-2999
營業時間：11 am-11pm　網址：www.facebook.com/TheSeafoodCafeandRestaurant

唐人街
MAP 15-2/D2　05

MRT Hua Lamphong站1號出口轉乘的士至Yaowarat Road約10分鐘,可選在銀都魚翅酒家附近下車,沿行車方向行路掃街。

唐人街是許多旅客專誠來「找吃」的地方!由路邊攤,水果檔,以至地舖小餐廳,大至酒家西餐廳都一應俱全。雖說沒有空鐵或地鐵可以直達,但大家仍對這條「Gai Ge 冷」好地方充滿熱情,吃個不停!

到唐人街最好選擇晚上,一來天氣較清涼,二來有不少車仔檔及大排檔美食。若不介意衛生問題,真的應該嘗試唐人街上多款價廉美味的小吃。這裡晚街上坐滿人,很有大排檔氣氛;以下是一些心水推介,但是要注意,只在晚上營業。

INFO
地址:Yaowarat Road (耀華力路)

唐人街私店
樓頂
MAP 15-2/D2　06

MRT Wat Mangkok站2號出口,沿Plaeng Name Road 行至Yaowarat Road街口轉左,Hotel Royal 對面。

讀者每次去唐人街,大多數都會去品嚐人氣、排了長龍的胡椒豬肚湯河。但其實在湯河店的旁邊,有一家「秘密」的中菜廳——Lau Teng。這家中菜廳主打新派中菜,老闆姓周,正是來自香港的居泰港人。餐廳環境乾淨闊落,冷氣開放(唐人街大部份老店都沒有冷氣開放的),點心做得精緻,賣相好之餘,味道更甚至比香港連鎖式茶樓做的更入味。

行上二樓有一秘格,從書架推入去即見一家酒吧,吃完飯「飲返杯」實屬美事。酒吧外還有一個小露台,難得可以居高臨下望一望這個車水馬龍的唐人街。

INFO
地址:438 Yaowarat Road Samphanthawong
電話:096-245-4242
營業時間:11am-12mn
網頁:FB: TheSeafoodCafeandRestaurant

排隊燒麵包 07
MAP 15-2/C1

唐人街上人氣最盛的街邊小販，可以説是這個燒麵包的檔口，每日人流不絕，賣的是新鮮的燒麵包及咖央，價錢幾十銖有交易，賣相造型雖然一般，但很多人排隊買，因夠風味，但如你是糖尿病病患者則要小心，因都很甜的。

🚗 和成興大金行轉右入Mangkorn Rd

INFO
地址：49-51 Soi Phadungdao Yaowarat Rd.
電話：02-223-4519
營業時間：4:30pm-2am；星期日休息

路邊燒海鮮 MAP 15-2/D2 08
T&K Seafood

🚗 唐人街成發興大金行旁邊（即Yaowarat Road 及Phadung Road交界）。

讀者大力推介的T&K Seafood，就在南亞魚翅的街口，其實對面街口也有另一間類似的燒海鮮檔，但口碑始終這間最好，平、靚、正。若怕熱，樓上更有冷氣雅座。這裡最出名是燒蝦、青口及炒飯。

唐人街360餐廳 MAP 15-2/B2 09
Sky View 360@Grand China Hotel

🚗 唐人街Yaowarat Road及Ratchawong Road交界。

唐人街上唯一的星級酒店是Grand China Hotel，25/F有可望到唐人街及其他地區的360度餐廳Sky View 360，無論是食飯或只是飲番杯，都無任歡迎。

INFO
地址：25/F, 215 Yaowarat Road, Samphantawong
電話：02-224-9977　營業時間：6pm-1am
網址：www.grandchina.com

歷史老店　MAP 15-2/C2 ⑩
合記林真香 ⑩

🚗🚌 唐人街聯成興大金行對面。

原來在唐人街上合記林真香已開了3間店鋪，這間新店最搶眼之處，就是門口上面的轉動式招牌，要用上20萬港元製造。地方更闊落、更光猛、更乾淨；貨品更齊全，當然繼續提供找換港元及送貨等服務。

INFO
地址：392 Yaowarat Road, Taladkao Jukkawat, Sumpuntawong
電話：02-226-3756
營業時間：12nn-12mn
網址：www.hakee.com/cn/contact-us.php

皇室飯堂　MAP 15-2/C2 ⑪
陳再裕酒家 Tang Jai Yoo Restaurant

🚗🚌 唐人街和成興大金行轉入Yaowapanit Road，經過UOB盤谷銀行即見。

原來每逢大年初一，泰國皇室成員都會到唐人街食飯，吃的並非銀都魚翅或大酒樓，而是光顧這家潮、泰菜的小酒家Tang Jai Yoo Restaurant。食物地道，價錢相宜，但很好吃嗎？就真是見仁見智，但皇室成員都來光顧，總不會差得去邊。

INFO
地址：85-87 Soi Yaowaphanit, Yaowarat Rd., Samphanthawong
電話：02-632-7292；02-224-2167
營業時間：11am-2pm、4:30pm-10pm
網址：http://tangjaiyoo.com

泰愛藝術
The Mustang Blu 12

MAP 15-2/G3

MRT Hua Lamphong站3號出口沿Rama IV Rd過河，見中間白色大樓就靠其右手邊馬路（Maitri Chit Rd）行入即見。

這幢建於1917年的百年大樓原初是曼谷的博愛醫院，後來曾改建成銀行、浴池等等。如今搖身一變，成為精品酒店和cafe。新主人其實是一位泰國知名的藝術家兼舞台劇製作人，所以對藝術和美學都有相當高的要求。

大樓二樓設有10間酒店房間，每間面積約300平方呎，但酒店不設電梯，上落就要徒步啦！地下是酒店附屬的cafe，所提供的飲品和菜式都帶著濃烈的藝術氣息，價錢不算草根，但也不是開天殺價，絕對對得起味道。

INFO
地址：721 Maitri Chit Rd, Khwaeng Pom Prap, Khet Pom Prap Sattru Phai
電話：06-4708-0761
營業時間：餐廳11 am-9pm
網址：www.facebook.com/themustangblu/

lumphini

A B C D

1

2

出 1

MRT地鐵

Soi Sala Daeng 1/1

Soi Sala Daeng 1

Sofitel SO **H**
01

出 3

出 2

Lumpini

出 1

3

North Sathon Rd.

Banyan Tree **H** 03

02

Soi Sathon 1

etropolitan **H**

07

Suan
Plu 2

4

Soi Ngamdou

N

5

Map 16-1
Lumphini

Hua Lamphong

Lumphini

Park Society `01`

又一天台靚景餐廳

Map 16-1/C3

🚇 MRT Lumphini站2號出口出，過對面馬路。
Google map：13.726165,100.543166

這裡分兩部分，第一部分是間有open kitchen提供法國和意大利菜的餐廳，座位設計得金碧輝煌，亦可以望到Lumpini公園的全景。落地玻璃旁有幾個座位更可以望到Rama 4一帶的景色，擁有無敵的夜景，至於價錢當然不算便宜。餐廳旁的露天地帶主要是暢飲區，以型格為主，有躺著的沙發，也有像積木般的座椅。

往上一層有稱為Hi So的地方，Hi So文化來自泰國，高級的人稱為Hi So。這裡有4個帳幕位，每個都有無敵Lumpini公園靚景，屬半露天場地，想在此飲飲食食，則需付額外入場費，不論Hi So還是Park Society都有衣著規定，背心短褲不能入場。

INFO
地址：29/F, 2 North Sathorn Road
電話：02-624-0000
營業時間：6pm-10:30pm
網頁：www.so-sofitel-bangkok.com/wine-dine/park-society

Chocolab at SO `1a`

每天朱古力自助餐

Sofitel SO Bangkok酒店每日都有提供朱古力自助餐"Cocoa Rush Hour"，包括所有Homemade的朱古力、飲品和糕點任點任食。除Home-made朱古力外，還有一些專門從法國入口的高質素品質，你可透過open kitchen看到廚師製作的過程，還會有訓練班讓客人自食其力。裝修方面，給人感覺就像到處都有朱古力，連天花板也像朱古力滴下來。

INFO
電話：02-624-0000
營業時間：7am-8pm；Cocoa Rush Hour
4pm-5:30pm，星期六日3pm開始

去德國文化協會食德國菜 02

Ratsstube Map 16-1/D3

///

MRT Lumphini站2號出口徒步約8分鐘

在Sathorn區的德國文化協會，除了有德文學之外，更有德國菜食。

小木屋泰式設計的餐廳，但吃正宗德國菜，德國腸和鹹豬手各300銖左右。光顧的除了有區內德國人也有當地泰國人。當然，如果你住在附近的Banyan Tree或Sukhothai，甚至Silom區附近也可到來一試。

INFO
地址：18/1 Soi Goethe off Sathorn Soi 1, South Sathorn Road
電話：02-286-4258
營業時間：11am-2pm，5:30pm-10pm，週六至日11am-10pm
網頁：www.ratsstubebangkok.com

再與天比高 **03**

Vertigo

Map 16-1/B3

🚗 MRT Lumphini站2號出口轉乘的士約5分鐘。

位於Banyan Tree Bangkok天台的Vertigo，於酒店大堂乘電梯上59/F轉自動扶手電梯往上一層，再行一層樓梯，便見一望無際、絕無玻璃阻擋的360度環迴無敵美景。

建議大家6pm左右到此，因為日落景色十分美，太陽下山後的曼谷夜景亦絕不比香港遜色。到達之前一定要打電話預訂，否則可能沒靚位。dress code是不可穿短褲、背心及拖鞋。

INFO
地址：61/F, Banyan Tree, 21/100 South Sathon Road
電話：02-679-1200　營業時間：6pm-10:30pm
網頁：www.banyantree.com/en/thailand/bangkok/dining

風雨不怕天台酒吧

Vertigo TOO **3a**

曼谷的Banyan Tree酒店，天台有兩個餐飲地帶，一個是Vertigo，一個是moon bar，而最近他們將樓下一層的中菜廳改成Vertigo TOO。最重要是景色無敵，分了樓上樓下兩層，建議大家於日落黃昏時前來，景色更漂亮，拍的照也更漂亮。

提提大家，這裡有dress code，背心短褲拖鞋不能進入，而短褲方面酒店也早有準備，如果人客真的穿了短褲的話，他們會有一些簡單褲款借出，男女裝都有。

INFO
電話：02-2679-1200
營業時間：星期六及日下午茶1pm-5am；
　　　　　晚餐6pm-10:30pm

米芝蓮三星法國餐廳

J'aime by Jean-Michel Lorain

04

🚗🚌 MRT Lumphini站1號出口轉乘的士約5分鐘。

在曼谷要食法國菜絕不是難事，但這間法國餐廳——J'aime卻大有來頭，設在 U Sathorn Bangkok 酒店內，是由曾是最年輕的米芝蓮三星廚師 Jean-Michel Lorain開設。

「經濟」一點的可以點選 Set Lunch (1,700銖)，豐富一點可以選晚市套餐，有 6道菜，2,900銖 和8道菜 的3,500銖，可以一次過嘗試多種不同菜式和甜品。價錢方面實不便宜，但一定比法國總店抵食。

INFO
地址：U Sathorn Bangkok, 105 Soi Sathon 1, Thung Maha Mek, Sathon
電話：02-119-4899　網頁：www.jaime-bangkok.com
營業時間：12pm-2:30pm, 6pm-10:00pm，星期二、三全休，星期四只開晚市

蘇凡納布機場
（Suvarnabhumi Airport, BKK）

由機場至市內交通：

機場鐵路 Airport Train

SA Cityline 列車

SA Cityline： 由機場至 Phaya Thai 站，接連
BTS Phaya Thai (N2) 站

網頁： http://airportraillink.railway.co.th
http://bangkokairporttrain.com

旅客步出海關到達入境大堂後，轉至最底層便是機鐵站入口。旅客乘 SA Cityline 由機場站出發，途經6個分站至 Phaya Thai 終站，15分鐘一班，車程約為26分鐘。到達 Phaya Thai 站後，可經月台旁的天橋轉乘 BTS，惟乘 BTS 列車時需另外購票。

機場至市區交通比較

	的士	SA Cityline
目的地	直達酒店	Phaya Thai 站再轉乘 BTS+ 步行
車費	連公路雜費約380銖	每位45銖
車程	約45分鐘	約26分鐘 +BTS車程約20分鐘
營運時間	24小時	5:30am-12:00mn
班次	不定，但的士充足	15分鐘一班
行李安排	司機代提	自提

的士 (Taxi)

離開海關後，走落一層至 1 /F 外的公共的士站乘搭的士前往市區。

乘客前往站頭的自動派票機，現分大型（起錶40銖）及正常的士（起錶35銖），按顯示屏取票。票上會列印出接載你司機的位置（Lane），然後就走到相對應的車位上車。

大多數司機都會主動選擇行 Toll Way 或 High Way 爭取時間，若旅客擔心司機不懂上橋或故意「dum 波鐘」，可於開車前跟司機說：「Go Toll Way」！在入境層乘搭的士到市區，需要在咪錶顯示的車費上附加50銖的手續費。一般情況下，由新機場前往市中心需時約35-45分鐘，總車費（咪錶收費＋機場服務費50銖＋公路費）約為300-380銖左右。

乘車流程：

1) 先到站頭的派票機取票。

2) 取票後查看票上的司機位置號碼，自行前往司機的停車處。

3) 車票交予司機確認，然後上車。

旅遊達人　　　500銖包車？（2023年版）

　　十年如一日，每每收到讀者來信，指機場的士司機老是硬推「500銖包車」套餐。其實由始至終機場的士站是沒有500銖包車服務。司機首先向跟旅客說一大堆不明所以的泰文，然後又說行李件數多，500銖包車很正常。

　　其實從機場至市中心 Siam，車費連橋費頂多380銖，故沒有包車的必要。當然，屈指一數其實只是多了約港幣30元左右，若不太介意的話就當打賞。若閣下認為要「揸正嚟做」，就可以禮貌地說 No thanks，然後再去取票機排隊取票，再選另一輛的士（但不保證另一司機會跟咪錶收費）。

　　至於酒店返回機場，很多時候酒店職員會跟司機「姨吟」兩句，跟著說司機要500銖包車（大型的士要700銖）。當然，你不趕時間大可以等第二架，但當你要「趕飛機」的時候，就只好就範，多付的車錢就當買些舒服時間。

廊曼機場
(Don Mueang International Airport, DMK)

廊曼機場T1航廈

廊曼機場T2航廈

這個機場，曾幾何時是曼谷接通世界各地的唯一國際機場。不過，自新機場Suvarnabhumi Airport (BKK)2006年啟用後，廊曼機場一度停用。惟一年後舊機場重新啟用並改建，現分設T1（國際）及T2（國內）航廈。

由機場至市內交通：
T1（國際線廉航）
機場巴士：

往返機場至BTS Mo Chit站的A1機場巴士

29號

廊曼機場＞唐人街＞Victory Monument

A1號（行高速公路）

廊曼機場＞BTS Mo Chit（入境層6號閘口，30銖/位，車程約20分鐘）市區回程往機場，可到BTS Mo Chit站3號出口等巴士。

的士：

從正規的安排上，旅客應在入境層外8號閘口的士站乘的士前往市區。但可能要排長龍，而且要加50銖的手續費（以Siam為例，照咪錶計車費，車費連公路費及機場手續費約350銖；如無大塞車，車程約25分鐘）。

小編建議資深旅客可以到離境層(Departure)的士站踫運氣，一來無人龍，二來免手續費。

不過缺點是無專人替你跟的士司機溝通前往的目的地，可能要靠自己或事先預備泰文地址較為保險。

T1入境層的士站

停泊廊曼機場T1的航空公司：
Air Asia/ 泰國東方航空 / NokScoot (酷鳥)/
機場網頁:http://donmueangairportthai.com

2/ 市內交通：
的士 (Taxi)

　　和香港一樣以咪錶收費，起錶首2公里35銖，以後每跳2銖，十分抵搭。截的士時只要見到車頂有meter標誌便可截停。

　　然而很多的士司機都不諳英語，所以最好先請酒店職員為你準備泰文地址。的士車身的顏色只代表不同的士公司，跟收費無關。近年在旅遊區行走的司機**絕大部份不用咪錶**，四個街口以內範圍，開價300銖一程（普遍開價一半成交）。至於由旅遊區以外乘的士，則大部份均按咪錶收費，若一車四人計，車費隨時平過坐BTS，相當划算。

篤篤 (Tuk Tuk)

　　大部份司機會開天殺價，因此必須議價到底，或以開價的三分一價錢開始還價。

　　在曼谷仍有不少篤篤司機不懂英語（簡單如Pier, Boat都不懂），大家應確保司機清楚知道目的地才上車。

　　若旅客貪過癮可試搭一兩次，但沿途吸入其他車輛的廢氣確不好受。如遇上那些妄顧安全沿路「片車」的「篤篤車神」，更是危險，故編輯部建議旅客還是少搭為妙。

泰有用 Call 車 app

Grab	Bolt	CABB
		CABB
Grab:Taxi & Food Delivery	Bolt: Request a Ride	CABB
預約費：Grabtaxi即時20銖；預約45銖；**7 Seater**預約150銖 **短評：**App綁定電子付款，GPS司機定位顯示準確，惟車量較少。有英文客服，行程後可直接聯絡司機取回失物。	**起錶：**40銖起 **短評：**可以用現金或綁定電子付款付車費，車費Grab及Cabb便宜近30%，但繁忙時間則較貴，Call車前易比較一下。司機屬自僱，沒有客服；有6人車款提供。	**起錶：**60銖 **短評：**App綁定電子付款，GPS司機定位顯示不太準確；車款獨特，司機屬公司聘請，但車貴較貴；有英文客服；車內有免費Wifi及5V USB充電。

BTS（空鐵—深綠、淺綠色及金色線）

分 Silom、Sukhumvit 及 Gold 三條線，途經各大商場及旅遊點。像香港般閘前有自動售票機，票價由17銖至62銖不等，沒零錢的話請直接去票務處購票，列車服務時間為6:00am-12:00mn。

BTS 單程票購票方法：

1. 從地圖上找出欲前往車站的區域 (Zone) 及其車費

2. 選擇張數（每次最多4張）

3. 投入硬幣並取票及找零錢

曼谷八達通「Rabbit Card」：

功能跟香港的八達通相似，可以用於BTS空鐵的車費，或連鎖餐廳 foodcourt 付款。2019年開始行實名制，遊客購卡時需出示護照登記。

Rabbit Card 可以在各BTS車站票務中心買到，每張最低消費是100銖（**100銖註冊費；不退回**）。純綷增值，每次最少100銖，以100的倍數增加，即200、300......。最多可儲4,000銖。在網上各網店可預購 Rabbit Card，到埗後取卡，不用登記護照，**惟用完內存金額後，去便利店充值時，就需要出示護照登記姓名。**

MRTA（地鐵）（藍色線）

跟香港的地下鐵的型式差不多，車費由14銖至36銖不等，可於Silom站轉BTS Sala Daeng站或Sukhumvit站轉BTS Asok站，服務時間為6:00am-12:00mn。

地下鐵的車站較少經過旅遊區，故遊客對地下鐵會較為陌生。但若要由Silom或Lumphini往返翟道翟，地下鐵的Kamphanphet站就最適合不過了！

MRTA 購票方法：

1. 在輕觸式的螢幕上選擇語言（英文或泰文）

2. 在欲前往車站圖示上輕按

3. 選擇車票張數及類別（成人或小童）

4. 投入硬幣或紙幣

5. 取出代幣及找零錢

1/ 簽證：

香港特區護照及 BNO 持有人

持有效期六個月或以上的 BNO 或香港特區護照一律免簽證，逗留期限為30天。

簽證身份證明書 (D.I.) 持有人

持簽證身份證明書（D.I.）的人士須到 www.thaievisa.go.th 申請簽證。

2/ 貨幣：

流通貨幣為「Baht」、中文作「銖」，然而讀音應為「匹」（有勞大家不要再讀作「朱」了）。根據2023年10月的銀行匯率，每 $1 港元可兌換約 $4.5 泰銖。兌換泰銖在曼谷相當方便，但在曼谷機場禁區內的匯率比較差（相差約15-20%），如非必要，請到機場 B1/F 機鐵站，或留待到市區的 superrich 才兌換。

機場機鐵站 B1/F 有「靚價」兌換店。

在 BTS Chitlom 站已經重新開設 Superich 分店讓遊客兌換貨幣。

3/ 電壓及電話：

　　與香港同為220伏特，而插頭為兩腳扁插（見下圖）。泰國的國際號碼是「66」，曼谷區碼為「2」，而曼谷電話號碼全為7位數字，多過7位者之後的應為內線號碼。

　　例如在香港想 Bucchus 訂位，應打66-2-650-8986，到了曼谷後想 confirm booking 的話便要在「2」前加個「0」，即02-650-8966。為方便讀者，本書列出的電話號碼均假設讀者在曼谷打出，故讀者到了當地就不用再打66，而可以直接打書上列出的電話號碼。

近年新裝修的酒店房間，大多安裝這款萬國插座與及 USB 充電座。

市內 / 漫遊通訊

　　旅客可於市內任何一間7-11便利店或機場入境大堂2/F 購買當地電訊公司的 Prepaid SIM Card。

　　以 truemove 為例，公司提供專為遊客而設的 Tourist SIM，399銖一張，內有100銖通話額（1銖/分鐘），首8天無間斷無限制的5G/ WiFi上網！

　　在曼谷市面可買到的 Prepaid SIM Card 多不勝數，但以這3家公司較為出名：One-2-Call, dtac 及 True Move，各公司不定期有通話優惠，詳情請到各公司網頁查詢：

dtac	**One-2-Call/ AIS**	**True Move**
www.dtac.co.th	www.ais.th/one-2-call	www.truemoveh-thailandsim.com

　　編者在九龍鴨寮街的電話卡檔，以約 $45/張 輕易買到，隨卡還付送 iPhone SIM卡槽針乙枝，極之方便。到埗後直接換卡，電話就已經自動換台及可以上網上 facebook，十分方便。

dtac有出售供iPhone用的micro Prepaid SIM Card，舖位就在入境大堂外，一出海關就見。

電話卡充值

　　編輯部建議，為安全方便計，請於購買 SIM Card 時一併購買充值用的 Top-Up Card（充值卡）。一般旅客購買90銖的一款便已足夠，充值時先刷出咭上密碼，按指示輸入即可充值。

　　若要以泰國的 Prepaid SIM Card 以 IDD 致電回港，通話費約每分鐘1銖。致電前需在香港號碼前加上「00600-852」。

在曼谷的便利店可買到當地通用的SIM卡及充值卡，方便易用。

4/ 天氣及時差：

　　最佳旅遊季節為11月至2月，5月至10月是雨季，而2月至5月是夏季，氣溫可達攝氏38度。基本上，曼谷經常會出現陣雨，在短時間內下一場很大很大的雨（**特別是黃昏4-6pm**），之後又會雨過天晴。故此旅客外出時不妨帶備雨具，萬無一失。

　　時差方面則比香港慢1小時。即香港9:00am，泰國為8:00am

5/ 遊客退稅：

在一些高級消費場所，如spa、大型商場、高級餐廳等，都會收取7%的消費稅 (VAT)。可是曼谷當局為鼓勵旅客消費，故設立退稅制度。

旅客只要在貼有「VAT Refund for Tourists」標貼的商場內購物滿2,000銖便可申請退稅。

詳情如下：

退稅流程表

（網站：www.tourismthailand.org/Articles/plan-your-trip-vat-tax-refund）

在同一商場內同一天購物滿2,000銖（可結合當天的單據）

↓

於購物當天到商場內的退稅櫃位出示旅遊證件，並索取一張退稅表格 (P.P.10) 及稅費發票 (Tax Invoice) 正本

↓

登機前到退稅處 (VAT Refund Office) 讓海關在退稅表格上 (P.P.10) 蓋章及檢查物品

或

↓

辦理登機手續及過海關安檢，然後到候機區的退稅辦事處排隊領取稅款

| **稅款超過 30,000銖**
以銀行本票支付或存入信用卡戶口 | ⟷ | **稅款少過 30,000銖**
即時以現金領取 |

市區退稅櫃位

http://vrtweb.rd.go.th/index.php/en/component/vrt/main/244?layout=detail

Chitlom ZEN 6/F

Siam Paragon G/F

Emporium G/F

DOWNTOWN VAT refund FOR TOURISTS

6/ 節日：

　　泰國每年有不少節日，旅客若恰巧遇上亦可一同參加慶祝，有關日期可向泰國政府旅遊局查詢（電話：2868-0732）。當中最大的節日為一年一度的潑水節，舉行時間為每年的4月13日至15日。

2023年泰國主要節日

日期	節日
6/04	卻克里王朝開國紀念日 (Chakri Day)
13/04-15/04	潑水節 (Songkran Festival)
01/05	勞動節
04/05	國王登基紀念日 (Coronation Day)
3/06	皇太后壽辰（同為泰國的母親節）
5/06	佛誕
23/10	五世皇紀念日 (Chulalongkorn Day)
05/12	泰王蒲美蓬壽辰（同為泰國的父親節）
10/12	泰國行憲紀念日
31/12	除夕

7/ 日常用語

日常用語

救命	吹堆
你好	Sa-Wa-De-Cup（男講）/ Sa-Wa-Da-Car（女講）
再見	仆梗謎
多謝	確灌
我是香港人	捧並灌康鋼（男性）、診並灌康鋼（女性）
是	妻
不是	Mic妻
多少錢	偷泥
平一點	律（高音）喇蝦
太貴了	pen（低音）幣
要這一個	勾錢Lee
埋單	check便 / 夾凳
冷氣壞了	air寫
燈壞了	廢寫
廁所塞了	鬆活鄧
怎樣去的？	幣孕魏
人妖	架退
好味	阿來
唔好味	咪阿來

數字

1	嫩	2	爽
3	省	4	是
5	蝦	6	酷
7	蓆	8	bat
9	交	10	涉

Spa常用泰語

輕力些	鮑鮑（音：鮑起靜的鮑）
大力些	靚靚
好痛呀	蓆
冷氣太冷了	air yen幣
冷氣太熱了	廊（音：走廊的廊）

食品及建築

魚翅	who（低音）賊腩
海南雞飯	靠蚊雞
燕窩	撚碌
芒果乾	麥芒hand
椰青	麥跑
醋	節燥
機場	殺腩便
廁所	康腩
便利店	懶殺毒鼠
酒店	弄Lam

8/ 常見旅遊陷阱：

A) 好心導遊

小編親身經歷，在 Siam Square 一帶有些衣著整齊光鮮，操流利英文的導遊，向遊客埋手。手法一般是先問遊客是否在找景點，然後會向遊客推介某某節日慶典，然後順道誠邀遊客上車作為嚮導，最後當然是要收費芸芸！

B) 的士無散紙

恍忽全世界的士司機都有這個通病，車費就識收，要找錢時就故作無知。不過情況不算嚴重，欠找十銖八銖，換算作港幣亦只是幾塊錢。當然，有朋友指此等劣行不能縱容，若閣下是正義之士，不妨舉報！

C) 皇宮 / 景點關閉

當大家去到某些景點的途上，可能會遇上一些上述的好心導遊，然後會好心提醒你，説：景點今天臨時關閉，然後會主動帶你去看其他店舖或餐廳。曾經有網友試過被騙子引來的一群白鴿圍著，被迫花錢向騙子買飼料引開白鴿。

《冲遊曼谷》2024年版

作者：	胡慧冲	港澳發行：	聯合新零售（香港）有限公司
出版經理：	馮家偉	電話：	852-2963-5300
執行編輯：	黃慶雄	台灣地區發行：	大風文創股份有限公司
美術設計：	Windy, Polly	電話：	886-2-2218-0701
出版：	經緯文化出版有限公司	國際書號：	978-988-76582-4-5
	觀塘開源道55號	初版日期：	2019年9月
	開聯工業中心A座8樓25室	第14版日期：	2023年10月
電話：	5116 9640	定價：	港幣128元 台幣499元
傳真：	3020 9564		
電子郵件：	iglobe.book@gmail.com		
網站：	www.iglobe.hk		

IGLOBE PUBLISHING LTD.
Rm 25, 8/F, Blk A, Hoi Luen Industrial Ctr,
55 Hoi Yuen Rd, Kwun Tong, KLN